W.M.R. van Helbing kennt den Krieg – nicht nur als Ort, sondern als Zustand. Zwanzig Jahre Bundeswehr, Einsätze fern der Heimat, Begegnungen mit der Stille danach. In seinem neuen Werk *„Der Regen fiel auf beiden Seiten – Wenn Gedanken salutieren"* schreibt er nicht über Schlachten, sondern über die Zwischenräume: über das Warten vor dem Einsatz, das Schweigen danach, über Routinen im Ausnahmezustand, über Kameradschaft, Zweifel und das unsichtbare Gepäck, das sich mit jedem Tag füllt.

Es regnet auf Freund und Feind, auf Schuld und Sehnsucht, auf Erinnerungen, die keine Uniform tragen. Die Gedanken marschieren weiter, auch wenn der Körper längst zur Ruhe gezwungen ist. Dieses Buch ist kein Bericht, keine Anklage, keine Antwort – sondern ein stiller Blick unter die Oberfläche. Eine poetische Annäherung an das, was unausgesprochen bleibt, weil es dafür

keine Worte gibt - und doch erzählt werden
muss.

Mit zurückhaltender Sprache, sarkastischer
Wärme und einer zärtlichen Klarheit erzählt van
Helbing vom inneren Nachhall äußerer Einsätze,
von Brüchen, die nicht heilen müssen, und der
Suche nach Sinn zwischen den Zeilen des
Erlebten. Ein literarischer und lyrischer Takt
aus Erinnerung und Reflexion - leise, ehrlich,
notwendig.

Der Regen fiel auf beide Seiten

Wenn Gedanken salutieren

von

Wolfthore M.R. van Helbing

„Es sind nicht die Schlachten, die bleiben – sondern das Schweigen danach."
W.M.R. van Helbing

Ein Buch ohne Seitenzahl

(Bild) Lesezeichen 51x148 mm zu beziehen unter Info.wolfthore@gmail.com

Bibliografische Information der Deutschen Nationalbibliothek: Die Deutsche Nationalbibliothek verzeichnet diese Publikation in der Deutschen Nationalbibliografie; detaillierte bibliografische Daten sind im Internet über dnb.dnb.de abrufbar.

Kontaktadresse nach EU-Produktsicherheitsverordnung: info.wolfthore@gmail.com

Die automatisierte Analyse des Werkes, um daraus Informationen insbesondere über Muster, Trends und Korrelationen gemäß §44b UrhG („Text und Data Mining") zu gewinnen, ist untersagt.

Verlag: BoD · Books on Demand GmbH, Überseering 33, 22297 Hamburg, bod@bod.de

Druck: Libri Plureos GmbH, Friedensallee 273, 22763 Hamburg

ISBN: **978-3-8192-6531-0**

Zwischen Stiefeln, Staub und der Suche nach dem Morgen

Worte sind leichter als Ausrüstung, doch schwerer zu tragen, wenn sie
bleiben.
Sie fallen nicht mit, wenn der Körper stürzt,
aber sie kriechen in den Kopf, wenn die Stille lauter ist als das
Gefechtslärm.

Feldpoesie ist kein Lied von Helden.
Kein Schlachtruf, keine Parole.
Es ist das Echo von Stiefeln im Schlamm,
der Rauch von Zigaretten zwischen zwei Befehlen,
das leise Fluchen, wenn die Kälte durch die Uniform frisst.

Es ist das, was zwischen den Patronenhülsen liegt –
die Gedanken, die im Mündungsfeuer verschwinden,
und die, die selbst danach noch weiterbrennen.

Manche nennen es Schwermut, andere Galgenhumor.
Ich nenne es Feldpoesie.

Sie tragen Uniformen, doch sie sind keine Maschinen.
Sie marschieren im Gleichschritt, doch ihr Innenleben folgt keinem
Takt.

Ein Soldat lebt zwischen den Welten – zwischen Kasernenflur und
Krisengebiet, zwischen Übungsplatz und Wohnzimmer, zwischen
Kameradschaft und Einsamkeit.

Er lernt, den Rucksack mit fünfzehn Kilo Gepäck zu schultern – aber die Gedanken, die sich über Jahre ansammeln, wiegen schwerer.

Freizeit bedeutet manchmal nur: Schlaf nachholen.
Oder mit verschwitztem T-Shirt in der Stube sitzen, Dosenbier in der Hand, Mario Kart auf der Konsole – Flucht in den Moment.
Manchmal bedeutet Freizeit auch: Motorradfahren bis zur Schmerzgrenze, Fallschirmspringen, Risikosport. Nicht aus Lebenslust, sondern weil man das Adrenalin braucht, um sich zu spüren.

In der Kaserne riecht es nach Bohnerwachs, Rasierwasser und Kantinenkaffee.
Der Humor ist derbe, das Herz oft weich.
Da wird über alles gelacht, was eigentlich zum Weinen ist.
Weil es anders nicht auszuhalten ist.
Galgenhumor.
Zynismus als Selbstschutz.
Kameraden als Ersatzfamilie.

Doch auch Kameradschaft hat ihre Lücken.
Denn nachts, wenn die Lichter ausgehen, bleibt man allein – mit Bildern, die man nie machen wollte.
Mit Gerüchen, die an Orten hängen, an denen keine Erinnerung hingehört.
Mit Geräuschen, die sich in den Hinterkopf gebrannt haben:
Der dumpfe Knall in der Ferne,

der Funkruf, der nie beantwortet wurde,

das Rauschen, wenn alles still war.

Nicht jeder Soldat war im Krieg.

Aber jeder trägt seinen eigenen.

Manche Einsätze hinterlassen Kratzer, andere Narben.

Manche bleiben auf der Haut. Andere gehen tiefer.

Die Schatten, die manche mit nach Hause bringen, sind keine

Souvenirs.

Posttraumatische Belastungsstörung – ein Wort wie ein

Diagnosehammer,

doch oft nur ein Flüstern im Alltag.

Schlaflosigkeit.

Reizbarkeit.

Innere Leere.

Oder das permanente Gefühl, nicht mehr „ganz" zu sein.

Und dann kommt der Brief:

„Dank und Anerkennung für treue Pflichterfüllung."

Eine Urkunde. Ein Stück Papier.

Kein Zapfenstreich. Kein Applaus. Kein Verständnis.

Während andere als Helden empfangen werden,

kommt man selbst nur heim –

mit weniger Gewicht im Rucksack,

aber mehr im Herzen.

Der Soldat ist nicht das Bild aus dem Rekrutierungsclip.

Nicht der harte Kerl mit geschwärztem Gesicht und gezogener Waffe.

Er ist Vater. Mutter. Bruder. Tochter.

Manchmal Alleinerziehend. Manchmal Geschieden.

Oft mit Schulden, manchmal mit Schultern, die alles tragen müssen.

Er lebt in Mietwohnungen, die keiner schmückt.

Zwischen Umzugskisten und Erinnerungen.

Er weint nicht oft – aber wenn, dann heimlich.

Er vermisst – nicht nur den Einsatzort, sondern das Gefühl, gebraucht
zu werden.

Die Bevölkerung?

Zwischen Gleichgültigkeit und Halbwissen.

Zwischen „Hast du nicht gewusst, worauf du dich einlässt?"

und „Wofür brauchen wir überhaupt noch Soldaten?"

Die wenigsten sagen: Danke.

Die meisten schauen weg.

Dabei wollen viele gar keinen Dank.

Nur Verständnis.

Ein bisschen Respekt.

Und manchmal einfach ein „Willkommen zurück."

Und während andere zur Ruhe kommen,

bleiben manche im Dienst.

Nicht, weil sie müssen,

sondern weil es der einzige Ort ist,

an dem sie sich noch gebraucht fühlen.

Der Dienst als Zuflucht.

Als Selbstvergessenheit.

Als Therapie, die keiner bezahlt.

Doch es gibt auch Licht zwischen den Schatten.

Es gibt die Abende mit dem Trupp –

wo gelacht wird, bis der Bauch schmerzt.

Es gibt die Nächte am Lagerfeuer auf Übung –

wo Sternschnuppen fallen und selbst harte Kerle still werden.

Es gibt die Briefe von zu Hause,

mit Kindermalereien und „Ich hab dich lieb"-Kritzeleien.

Es gibt Kameraden, die dich besser kennen als du dich selbst.

Und es gibt diese wenigen Momente,

in denen man glaubt:

Vielleicht ist das alles nicht umsonst.

Denn ein Soldat ist nicht Held, nicht Opfer.

Er ist Mensch.

Mit Uniform, ja –

aber darunter schlägt ein Herz wie deins.

Und dann sind da die Lehrgänge.

Wo man 16 Stunden im Hörsaal sitzt, die Uniform knittert und die

Augen müde werden.

Theorie über Taktik, Hygiene im Feld, Verhaltensregeln bei

Auslandseinsätzen.

Man nickt, macht Notizen, hört nur mit halbem Ohr zu –

weil der andere Teil des Hirns längst beim Einsatz ist,

beim Kind zu Hause,

bei der Frage, ob das alles irgendwas ändert.

Einige kommen nur, um aufzusteigen.

Andere, um zu entkommen.

Und wieder andere – um zu vergessen.

Dann die Übungen.

Übungen, bei denen Dreck kein Feind ist, sondern Normalität.

Wo man im Schlamm liegt, friert, schwitzt,

sein eigenes Gewicht nicht mehr spürt,

aber genau weiß, wer sich auf wen verlassen kann.

Es gibt Phasen, da ist alles Routine.

Stiefel schnüren, Antreten, Befehl, Marsch.

Und dann wieder Phasen, da steht die Zeit still –

ein Gefecht, ein Unfall, ein Toter.

Manchmal beim Übungssprengsatz,

manchmal bei einem echten.

Der Unterschied ist manchmal nur ein paar Stunden Flugzeit.

Und auch wenn man selbst heil rauskommt –

man lässt nie alles hinter sich.

Ein Blick, ein Geruch, ein Knall –

und alles ist wieder da.

Der Schatten bleibt.

Manche lernen, mit ihm zu tanzen.

Andere trinken ihn klein.

Wieder andere – reden nie darüber.

Weil man es sich selbst nicht eingestehen will.

Oder weil man fürchtet, dass keiner zuhört.

PTBS steht in keinem Wehrpass.

Aber es zeichnet Gesichter.

Es zerfrisst Beziehungen,

sickert in Träume,

zerrüttet den Alltag.

Manche verlieren sich –

an Depressionen,

an Alkohol,

an eine Leere, die keiner sieht.

Und irgendwann…

kommt der Punkt, an dem man entweder Hilfe sucht –

oder aufgibt.

Viel zu viele entscheiden sich für Letzteres.

Jedes Jahr.

Ein Appell, der verhallt.

Ein Grab, das keiner sieht.

Eine Geschichte, die keiner mehr erzählt.

Und doch:
Zwischen all dem gibt es auch die anderen Geschichten.

Die, in denen einer zurückkehrt –
kaputt, aber lebendig.
Und wieder lernt, zu fühlen.

Die, in denen ein Vater seinem Kind das Marschieren beibringt –
aber diesmal im Sandkasten.

Die, in denen einer, der fast alles verloren hat,
eine neue Liebe findet.
Ein neues Zuhause.
Ein neues „Ich".

Diese Geschichten hört man selten.
Sie stehen in keinem Einsatzbericht.
Sie tragen keine Uniform.
Aber sie verdienen Platz.
Platz im Kopf, im Herz –
und in der Erinnerung.

Denn Soldaten sind keine Legenden.
Sie sind keine Monster.
Keine Helden im Glanz.
Keine Täter per Definition.

Sie sind Menschen.

Mit Fehlern.

Mit Hoffnungen.

Mit einer Berufung, die oft falsch verstanden wird.

Sie haben unterschrieben –

nicht für Ruhm,

nicht für Blut,

sondern weil sie überzeugt waren:

etwas beitragen zu können.

Für den Frieden.

Für Sicherheit.

Für das, was uns oft selbstverständlich erscheint.

Manche standen im Kosovo,

wo die Stille nach dem Feuer lauter war als jeder Schuss.

Manche schwitzten unter westafrikanischer Sonne in Mali,

wo Unsicherheit in jeder Bewegung lag.

Andere stapften durch das Staubgrau Afghanistans,

wo Freund und Feind manchmal nur ein Gesicht trennten.

Einige kamen aus dem Irak zurück,

mit Bildern im Kopf, die niemand sehen will –

nicht einmal sie selbst.

Doch egal ob Feldpost aus Mazar-e Sharif,

ein Telefonat aus Gao oder die Wache an einem Tor in Holzminden:

Einsatz ist nicht nur ein Ort.

Es ist ein Zustand.

Ein Riss im Zeitgefühl.

Ein Schatten, der wandert.

Nicht der Ort macht dich zum Einsatzsoldaten.

Es ist die Bereitschaft.

Es ist die Realität,

dass du zu jeder Zeit, an jedem Platz, mehr gibst, als du

zurückbekommst.

Und irgendwann,

egal ob nach Jahren oder Jahrzehnten,

steht man nicht mehr im Gleichschritt,

sondern allein –

vor dem eigenen Spiegel,

vor der eigenen Geschichte.

Dann bist du Veteran.

Einsatzveteran.

Ehemaliger Soldat.

Oder einfach:

Einer, der gedient hat.

Nicht, weil es Pflicht war,

sondern weil es Überzeugung war.

Und manchmal,

wenn es still wird –

zu still –

hörst du wieder den Ruf.

Nicht von oben. Nicht von außen.

Sondern von deinem Innersten:

„Treue. Verdienst.“

Doch dort, im Inneren,

warten noch Kämpfe.

Geister,

die sich nicht an Zapfenstreiche halten.

Schuld,

die nicht offiziell anerkannt wurde.

Fragen,

auf die es keine Befehle mehr gibt.

Dieses Buch ist ein Versuch,

diese Dämonen in Worte zu binden.

Sie nicht zu besiegen,

aber vielleicht zu zähmen.

Denn:

Nicht jeder trägt eine Waffe,

aber jeder trägt Verantwortung.

Nicht jeder erlebt den Krieg,

aber jeder kennt das Gefühl,

im falschen Moment am falschen Ort zu sein.

Und ganz sicher:
Nicht jeder, der schweigt, hat nichts zu sagen.

Das Gewicht der Stille

Manchmal, wenn der Wind ruhig wird,
hört man das Rauschen der Gedanken,
die im Dämmerlicht zersplittern.
Ich habe oft darüber nachgedacht –
ob der Krieg nur eine Ausrede ist,
uns selbst zu finden.

Wir laufen weiter,
mit den Füßen im Staub der Geschichte,
mit den Blicken, die nach vorne streben,
doch in den Herzen derer, die wir sind,
lebt die Frage: Woher kommen wir,
und wohin gehen wir wirklich?

Ein Schritt, ein Atemzug –
und alles ist wieder das Gleiche.
Aber dann, in einem Moment der Stille,
erscheint plötzlich der Gedanke,
dass der Weg niemals wichtig war –
nur das Gehen.

„Du bist immer derjenige, der auf den letzten Tropfen Kaffee wartet, nicht wahr?" sagte er, während er seine Tasse nachfüllte und dabei die Sonne beobachtete, die langsam am Horizont verschwand.

Der andere zuckte mit den Schultern. „Jeder hat seine kleinen Rituale", murmelte er, ohne den Blick abzuwenden. Es war diese seltsame Mischung aus Humor und Ernst, die in solchen Momenten entstand. Der Kaffee war kein besonderer, das Lagerfeuer brannte nicht heller als sonst, aber dieser Moment – er war irgendwie mehr.

„Weißt du", sagte der Erste dann und schob das Tasseninnere gegen die Sonne, „manchmal denke ich, der Kaffee ist der einzige Grund, warum wir hier sind. Der Rest..." Er machte eine vage Handbewegung, als ob das alles zu weit entfernt wäre, um es zu begreifen.

„Der Rest ist der Preis für den Kaffee", lachte der andere, und für einen kurzen Moment war der Krieg nicht mehr als ein schwacher Schatten hinter den Lichtern des Feuers.

„Vielleicht", sagte er nachdenklich, „ist das alles nur eine Art von Zufall. Und wir sind nicht mehr als eine Gruppe von Idioten, die versuchen, den Tag zu überstehen."

Das Lächeln der Erinnerung

Manchmal, wenn die Sonne sinkt,
erscheint das Lächeln einer alten Erinnerung,
als ob sie uns endlich finden wollte,
nach all der Zeit, nach all dem Staub.

Es war nie das Ziel,
das uns vorwärts trieb,
sondern die flimmernden Bilder,
die wir in den Augen der anderen sahen.
Ein Lächeln, das wir nicht verstanden,
doch spürten, dass es alles sagte.

Vielleicht – vielleicht ist das alles,
was wir wirklich suchen.
Ein Moment, der uns an den Morgen erinnert,
an den Duft von Gras und Sommerregen,
an das Gefühl, frei zu sein,
und zu wissen, dass nichts wirklich zählt,
außer dass wir da sind.

Der Soldat, der heute mit mir die Wache teilte, war nicht wie die
anderen. Er hatte diesen seltsamen Blick in den Augen, der weder von
Angst noch von Resignation geprägt war. Es war ein Blick, der sich an
der Grenze von allem bewegte – zwischen dem, was wir als „frei"
bezeichneten, und dem, was wir als „gebunden" verstanden.

„Hast du jemals über das Leben nach dem Dienst nachgedacht?"
fragte ich ihn, und in meiner Stimme lag etwas, das sich nach einer
Frage anhörte, die ich vielleicht schon lange hätte stellen sollen.

Er lachte, und dieser Lachen war nicht spöttisch, sondern fast schon
vertraut. „Nö. Wenn ich anfange, über danach nachzudenken, verliere
ich den Blick auf jetzt. Und hier ist es nicht schlecht. Klar, wir sind
hier, aber wir machen es uns gut, oder?"

Ich grinste. „Die beste Wache, die ich je hatte, war eine, bei der ich
während des Dienstes eingeschlafen bin."

Er schüttelte den Kopf. „Du bist wirklich ein Paradiesvogel."

„Vielleicht", antwortete ich und blickte in die Nacht, „aber ich glaube,
wir sind alle ein bisschen zu viel von allem."

Das Ende der Straße

Es gibt Momente, da weiß man,

dass der Weg zu Ende geht,

auch wenn die Füße weiter marschieren.

Die Straße kennt kein Ende,

aber der Körper weiß, wann er nicht mehr weiterkann.

Ein letzter Schritt –

vielleicht der letzte Atemzug,

und der Sand des Lebens rieselt still.

Doch dann – ein neuer Anfang,

vielleicht nur in einem Gedanken,

vielleicht in einem Wort,

das die Stille bricht.

Manchmal, in der Dunkelheit,

spürt man das Ziel,

nicht im Ziel selbst,

sondern in der Vorstellung,

dass der Weg immer der Weg war.

Es war ein langer Tag gewesen, und die Müdigkeit kroch in meine Knochen. Aber als ich dort am Rande des Lagers saß, mit dem Blick auf den stillen Horizont gerichtet, wusste ich plötzlich, dass der wahre Kampf nie hier war. Der wahre Kampf, dachte ich, fand immer in den Momenten statt, in denen man die Freiheit eines Lächelns, eines kurzen Gesprächs oder eines friedlichen Augenblicks finden konnte.

„Glaubst du an den Frieden?" fragte der junge Soldat neben mir. Er sah mich mit großen Augen an, als ob ich der Letzte wäre, der ihm antworten konnte.

Ich schmunzelte, als ich an all die Antworten dachte, die ich ihm geben könnte. „Frieden, mein Junge, ist wie der Kaffee – manchmal braucht man ihn nicht, um weiterzumachen. Aber er macht alles ein wenig erträglicher."

Er lachte leise. „Du bist verrückt."

„Ja", antwortete ich, „aber manchmal ist das der beste Weg, weiterzumachen."

Im Schein der Dämmerung

Im Schein der Dämmerung,

die Welt in Schweigen gehüllt,

trägt jeder von uns seine Narben,

unsichtbar, doch schwer wie Blei.

Die Augen blicken in die Ferne,

doch finden keinen Halt.

Erinnerungen blenden uns,

die Zukunft bleibt ein ungelöstes Rätsel.

Ich sitze allein, der Blick in den Dämmerhimmel, der sich in sanften Farben verliert. Die anderen schlafen, doch ich kann nicht. Die Stille ist überwältigend, sie drückt auf die Brust, wie eine unsichtbare Hand, die nie loslässt. Jeder von uns ist ein fremdes Wesen für den anderen, obwohl wir dieselben Orte sehen, dieselbe Müdigkeit spüren.

„Wirst du noch kämpfen?" fragt einer der jungen Soldaten, der plötzlich neben mir sitzt, seine Stimme zittert vor Nervosität.

„Was heißt schon kämpfen?" entgegne ich und sehe ihn an. „Wir kämpfen nicht gegen den Feind, wir kämpfen gegen uns selbst. Gegen das, was in uns wächst, gegen die Stille, die uns umgibt, gegen die Gedanken, die uns nicht loslassen."

Er schweigt. Ich weiß, dass er versucht, das Gewicht meiner Worte zu verstehen, aber er kann es nicht. Niemand kann es, bevor er es selbst erlebt hat. Der Krieg, der uns hierher geführt hat, ist nicht nur der, den wir im Feld kämpfen. Es ist der Krieg in unseren Köpfen, in unseren Herzen, in jeder Erinnerung, die uns verfolgt.

„Wirst du zurückkehren?" fragt er dann, die Frage so simpel, so voll von der Angst vor dem Ungewissen.

„Ich bin schon zurück", sage ich und blicke auf den Horizont. „Aber ich weiß nicht, ob ich wirklich wieder dort sein werde, wo ich vor all dem war. Vielleicht gibt es einen Punkt, an dem wir alle für immer verändert sind."

Die Dämmerung bricht vollständig an, die Dunkelheit senkt sich wie eine Decke über uns. Und während der Regen leise auf das Zelt prasselt, weiß ich, dass der wahre Kampf längst nicht mehr vor uns liegt. Er liegt in uns selbst, in der Stille, die uns mit jeder Stunde mehr zu verschlingen droht.

Ein Augenblick der Klarheit

Manchmal, in einem flimmernden Augenblick,

öffnet sich der Schleier,

und wir sehen das, was wir verloren haben,

was wir nie richtig verstanden haben.

Es ist nur ein Moment,

ein klarer Blick,

doch dann verschwindet er wieder,

so schnell wie er kam.

Doch dieser Augenblick bleibt,

wie ein Funke im Dunkeln,

der immer weiterglimmt,

bis der Morgen kommt.

Ich erinnere mich an den Moment, als ich das erste Mal verstanden habe, was es bedeutet, verloren zu sein. Es war nicht der Moment im Kampf, nicht der Augenblick, in dem ich das Geräusch eines nahen Einschlags hörte und mich duckte. Es war nicht der Schuss, der in der Nähe einschlug, oder das leise Klicken der Gewehre, das die Luft erfüllte. Nein, es war der Moment, als wir im leeren Raum standen, mitten in der Nacht, in dem Zelt, das uns nur minimalen Schutz bot.

„Hast du jemals wirklich darüber nachgedacht, was du hier tust?" fragte mich einer der älteren Soldaten, der neben mir hockte, während wir auf den Befehl warteten, weiterzuziehen.

„Ich dachte, wir tun es für unser Land“, antwortete ich. „Für das, was richtig ist.“

Er lachte, aber es war kein echtes Lachen. Es war hohl, als ob er sich selbst nicht mehr verstand. „Land. Richtig. Was ist das überhaupt?“

„Ich dachte, es gäbe einen Sinn“, sagte ich nach einer Pause. „Aber jetzt… jetzt bin ich mir nicht mehr sicher, was dieser Sinn eigentlich war.“

Er nickte, der Blick in der Ferne. „Manchmal frage ich mich, ob wir hier sind, weil wir etwas anderes suchen. Vielleicht suchen wir uns selbst. Aber am Ende finden wir nur mehr Fragen.“

Und dann, in diesem stillen Moment, wurde mir klar, dass die Suche nach dem Sinn nie eine klare Antwort bringen würde. Der wahre Verlust war nicht der Krieg selbst, sondern die Entfremdung von allem, was wir einmal geglaubt hatten. Der Moment, in dem wir uns von allem entfernten und plötzlich nur noch die Dunkelheit und die Fragen um uns hatten.

Der Blick auf den leeren Horizont verschwand langsam, als der Morgen dämmerte. Aber in mir blieb ein Gefühl zurück. Ein Gefühl der Leere, das nie ganz verflog.

Der Tag nach dem Sturm

Nach dem Sturm, in der Stille,
hört man das Rauschen des Lebens.
Die Wunden, sie brennen noch,
aber die Zeit heilt, auch wenn sie schmerzt.

Wir sind wie der Wind,
der durch die Trümmer zieht,
auf der Suche nach etwas,
was wir nicht mehr finden können.

Es war still, als wir die Ruinen durchstreiften, den Staub unter unseren Stiefeln knirschen hörend. Der Kampf war vorbei, aber der Krieg in uns nicht. Wir sahen uns um, und überall lagen die Überreste von dem, was einmal war. Trümmer, verbrannte Erde, zerstörte Hoffnung.

„Denkst du, wir können wieder aufbauen?" fragte mich einer, dessen Stimme so hohl klang wie die leer stehenden Häuser um uns.

„Ich hoffe es", sagte ich und blickte auf das zerstörte Land. „Aber ich fürchte, dass die wahre Zerstörung nicht hier liegt. Sie liegt in uns. In unseren Köpfen."

Er nickte, als ob er verstand, was ich meinte. Vielleicht war es der erste Moment seit langem, in dem wir wirklich miteinander sprachen, ohne die ständigen Masken des Soldaten.

„Und wenn wir nichts mehr aufbauen können?" fragte er.

„Dann müssen wir lernen, mit den Trümmern zu leben", antwortete ich. „Denn das, was wir im Krieg verloren haben, können wir nicht einfach zurückholen. Aber vielleicht können wir einen neuen Weg finden, um zu überleben."

Wir gingen weiter, der Wind wehte durch die Trümmer, als wollte er uns daran erinnern, dass der Krieg zwar vorbei war, aber das Leben, das wir einst kannten, nicht mehr existierte. Wir mussten etwas Neues finden – uns selbst, den Frieden, die Freiheit. Aber der Weg dahin war, wie der Krieg selbst, ungewiss.

Der Blick hinter den Vorhang

Hinter dem Vorhang der Zeit,

verblasst die Welt, wird schwer und weit.

In jedem Schritt, in jedem Hören,

klingt ein Echo von all dem, was wir verloren haben.

Die Fragen, sie fliegen wie Vögel im Wind,

unsere Antworten – längst verweht.

Und doch gehen wir weiter,

suchen den Pfad, der uns erlöst.

Es war ein spärlicher Morgen, der sich über die Landschaft legte. Der Nebel kroch langsam über das Land, und ich konnte kaum die Umrisse der anderen erkennen, die mit mir durch die Straßen gingen. Die Gesichter waren stumm, jeder in seinen Gedanken versunken, als hätten wir ein kollektives Geheimnis miteinander.

„Hast du jemals daran gedacht, was wir hinterlassen?" fragte der junge Soldat neben mir, der immer noch in der ersten Phase seiner Dienstzeit steckte. „Ich meine, was bleibt von uns, wenn wir weg sind?"

„Das ist die Frage, die uns alle quält", antwortete ich und versuchte, das Unbehagen in meiner Brust zu verbergen. „Vielleicht ist es nicht wichtig, was bleibt. Vielleicht ist es wichtiger, was wir in diesem Moment sind."

Er sah mich an, als könne er die Worte nicht ganz fassen. Ich wusste, dass er noch nicht verstand, dass wir nicht nur gegen den Feind kämpften, sondern auch gegen die Vergangenheit, gegen das, was uns vor den Augen verborgen war. Es war ein innerer Kampf, der nie enden würde, selbst wenn der äußere Krieg sich in der Ferne beruhigte.

„Manchmal habe ich das Gefühl, dass die Vergangenheit uns einholt", fuhr er fort. „Dass wir nie wirklich frei sind von dem, was wir getan haben."

Ich nickte. „Vielleicht gibt es keinen freien Moment. Vielleicht ist es der Zweifel, der uns begleitet. Aber wir müssen lernen, mit ihm zu leben. Er ist der Schatten, den wir immer hinter uns haben, egal wie sehr wir versuchen, ihm zu entkommen."

Er schwieg, und ich wusste, dass er jetzt den Blick in die Dunkelheit der Wahrheit geworfen hatte. Der Zweifel war kein Fremder, er war ein ständiger Begleiter, der mit uns wuchs und uns an unsere eigenen Grenzen stieß.

„Aber was, wenn wir uns selbst verlieren?" fragte er dann leise.

„Vielleicht haben wir das schon getan", sagte ich. „Vielleicht ist der wahre Verlust nicht der Kampf, den wir führen, sondern der Moment, in dem wir uns nicht mehr erkennen. Aber auch das gehört zu uns. Es ist Teil unserer Geschichte."

Und so gingen wir weiter, den Nebel durchbrechend, mit nichts als unseren eigenen Gedanken, die uns führten. Die Welt um uns war verschwommen, aber in uns war der klare Blick auf das, was uns ausmachte: der Zweifel, die Erinnerungen und die unaufhörliche Frage nach dem Sinn.

Der Preis der Wahrheit

Wir suchen, wir fragen,
die Wahrheit liegt schwer im Wind.
Der Preis, den wir zahlen,
ist mehr, als wir je dachten,
doch wir gehen weiter,
auf der Suche nach dem, was wir nicht finden.

Ich erinnere mich an die erste Nacht, in der der wahre Preis des Krieges in meine Gedanken brach. Es war keine Explosion, kein lauter Schuss, der in der Dunkelheit verhallte. Es war der Moment, als ich in die Augen eines anderen Soldaten sah, der genauso verloren war wie ich.

„Hast du jemals darüber nachgedacht, was du wirklich opferst?" fragte er mich in einem Moment der Stille, als wir im Schützengraben hockten.

„Opfern?" Ich hatte das Wort nie so direkt gehört. Wir taten unsere Pflicht, war alles, was ich dachte.

„Ja. Opfern. Du opferst mehr, als du denkst. Vielleicht nicht nur dein Leben, sondern etwas tieferes. Etwas, das du nie wirklich bemerkt hast, bis es zu spät ist."

Ich schaute ihn an und konnte die Müdigkeit in seinem Gesicht sehen, aber auch etwas anderes – eine Art von Erkenntnis, die in den Augen brannte, als wäre er schon viel weiter als ich. „Was meinst du?“ fragte ich.

„Ich meine, du gibst dir selbst auf. Du gibst alles auf, was du vorher geglaubt hast. Der Preis der Wahrheit ist der Verlust von dem, was du als sicher erachtet hast.“

Ich wollte widersprechen, aber die Worte blieben mir im Hals stecken. Er hatte etwas gesagt, das tiefer ging als alles, was ich bisher gedacht hatte. Die Wahrheit, die er meinte, war der Verlust von Unschuld, von Hoffnung, von all den Prinzipien, die uns als junge Männer hierher gebracht hatten. Der wahre Preis war nicht der Tod – er war der, der uns bevorstand, wenn wir aus diesem Krieg zurückkehrten. Es war der Moment, in dem wir uns selbst nicht mehr kannten.

Wir sprachen nicht weiter. Aber seine Worte hingen in der Luft, wie ein Schatten, der nie wieder verschwand. Und auch ich hatte plötzlich Angst vor dem, was kommen würde, wenn der Krieg vorbei war. Denn ich wusste, dass wir nicht nur unser Leben gaben. Wir gaben mehr. Viel mehr.

Am Rande der Erinnerung

An den Rändern der Erinnerung,

da verblassen die Gesichter,

doch der Schmerz bleibt,

wie ein Schatten im Licht.

Wir suchen, doch finden wir nicht,

was uns einmal gehörte,

und in der Stille, da fließt der Strom,

der uns fortträgt, immer weiter.

Wir gingen durch die Stadt, die wir einmal kannten, als wir jung waren und die Welt noch voller Versprechungen steckte. Doch heute war sie anders. Sie war leer, grau und wie aus einer anderen Zeit. Der Lärm der Straßen war zu einem fernen Echo geworden, und die Gesichter der Menschen waren uns fremd.

„Hast du das Gefühl, dass wir hier nicht mehr hingehören?" fragte der junge Soldat neben mir. Es war derselbe, mit dem ich zuletzt gesprochen hatte. Aber jetzt war er nicht mehr der Junge von damals. Auch er war ein anderer geworden.

„Ja", antwortete ich. „Es fühlt sich an, als ob alles, was wir einmal waren, zu Staub zerfallen ist. Wir sind wie Schatten in einem fremden Land, als ob die Zeit uns verschlungen hätte."

Er nickte und wir gingen weiter, den Blick auf den Boden gerichtet. Vielleicht war es das, was der Krieg aus uns gemacht hatte: Wanderer im eigenen Land, Fremde in der eigenen Geschichte.

Ein Funke im Dunkeln

Ein Funke im Dunkeln,

verblasst, bevor er beginnt zu brennen.

Wir sind nicht mehr als Schatten,

die durch den Weltraum taumeln,

auf der Suche nach einem Stern,

der uns zeigt, wohin wir gehen.

Der Blick in den Himmel verrät uns nichts,

außer der Weite des Nichts.

Doch in der Leere wächst der Traum,

wie ein unvergänglicher Samen,

der selbst in der Dunkelheit blüht.

Es war die Nacht, als wir die Grenze überschritten. Nicht die Grenze eines Landes, sondern eine Grenze, die viel tiefer ging. Die Grenze zu dem, was wir uns nie zu fragen wagten. Der Himmel über uns war so tief und schwarz, dass es schien, als ob alle Sterne sich versteckten, als ob sie nicht mehr da waren.

„Glaubst du, es gibt einen Ort, an dem wir Frieden finden können?" fragte der junge Soldat, der noch immer unsicher wirkte, als ob er versuchte, alles zu begreifen, was er gesehen hatte.

„Frieden?" Ich lachte bitter. „Pazifismus ist ein Luxus, den wir uns nicht leisten können. Aber vielleicht gibt es einen Ort, an dem der

Kampf endet, weil der Mensch endlich begreift, dass er nie etwas wirklich gewonnen hat."

„Und wenn es diesen Ort nicht gibt?" fragte er weiter, die Unsicherheit in seiner Stimme. „Wenn wir uns immer weiter verlieren, ohne je zurückzufinden?"

Ich sah ihn an. Wir hatten diesen Punkt längst erreicht, aber er war noch nicht ganz dort. Ich wusste, dass er noch an das Gute glaubte, an den Moment, in dem alles endlich wieder „richtig" werden könnte. Aber ich hatte diesen Moment schon lange hinter mir gelassen.

„Vielleicht ist es nicht der Ort, den wir suchen, sondern der Weg, den wir gegangen sind, der uns zu dem gemacht hat, was wir sind. Manchmal gibt es keine Antwort. Vielleicht ist die Suche die einzige Wahrheit, die bleibt."

Er schwieg, und in seiner Stille konnte ich die schleichende Verzweiflung hören, die auch ich nicht ablegen konnte. Die Wahrheit, dass wir uns selbst verloren hatten, war ein Gewicht, das auf uns lastete. Aber wir gingen weiter, ohne es zu benennen, weil wir wussten, dass wir nur mit diesem Schatten weiterleben konnten.

Der stille Ruf

Es gibt einen Ruf, der uns ruft,

doch wir hören ihn nicht,

ein Rufen aus der Tiefe,

aus dem Abgrund der Zeit.

Und doch gehen wir,

weiter, immer weiter,

auf der Suche nach etwas,

das uns niemals finden wird.

„Hörst du das?" fragte der Soldat neben mir, seine Stimme war fast
ein Flüstern, als ob er den Wind selbst fürchtete.

„Was?" fragte ich, unsicher, was er meinte. Der Wind rauschte leise,
und doch schien etwas anderes in der Luft zu liegen.

„Dieser Ruf. Als ob etwas uns ruft, aber wir können es nicht
verstehen."

Ich sah ihn an und wusste sofort, dass er von dem sprach, was uns alle
quälte – der Ruf nach etwas, das jenseits unserer Erreichbarkeit lag.
Etwas, das wir nicht mehr ergreifen konnten, weil wir uns zu sehr
verändert hatten. Zu sehr entfernt von allem, was wir einst für wahr
gehalten hatten.

„Es ist der Ruf der Vergessenheit", sagte ich nach einer langen Pause.
„Es ruft uns, um uns zu erinnern, was wir verloren haben, aber auch,
um uns daran zu erinnern, dass wir nicht zurückgehen können. Der

Ruf ist nur ein Echo aus der Vergangenheit, und je mehr wir ihm folgen, desto weiter entfernen wir uns von dem, was wir einmal waren."

Er schwieg. Ich wusste, dass er versuchte, sich mit meinen Worten zu arrangieren, aber in seinen Augen war die Unruhe nicht verschwunden. Vielleicht war der Ruf der Vergessenheit für uns alle ein Teil der Reise. Und vielleicht war es gerade das, was uns in diesen Momenten weiter vorantrieb – der ständige Versuch, etwas zu finden, das wir nicht mehr begreifen konnten.

„Vielleicht ist es gut, den Ruf zu ignorieren", sagte er schließlich. „Vielleicht sollten wir einfach weitergehen."

„Vielleicht", antwortete ich leise. Aber ich wusste, dass auch wir nicht vor dem Ruf fliehen konnten. Er würde uns immer wieder finden, selbst wenn wir versuchten, uns zu verstecken.

Der Schmerz der Stille

Es gibt einen Schmerz in der Stille,
der uns das Herz zerreißt.
Nicht der Schmerz der Schreie,
sondern der, der uns in den leeren Raum zieht,
wo Worte nichts mehr bedeuten,
und nur das Schweigen bleibt.

Es war nach dem Sturm. Der Regen war längst verstummt, und nur die Tropfen, die noch immer von den Bäumen fielen, erinnerten an die Gewalt der letzten Stunden. Doch die wahre Stille hatte ihren Platz eingenommen. Eine Stille, die schwer und erdrückend war, als ob sie uns alle in ihren Bann gezogen hatte.

„Manchmal wünsche ich mir, dass der Sturm nie endet", sagte der junge Soldat nach einer langen Pause. „Dass er uns einfach mitnimmt und wir nicht mehr darüber nachdenken müssen, was danach kommt."

„Du meinst, du würdest den Schmerz gegen die Stille tauschen?" fragte ich, ohne ihn anzusehen.

„Vielleicht. Die Stille ist... zu viel. Zu viel Raum für Gedanken. Zu viel Raum für alles, was nicht gesagt wird."

Ich nickte. „Ja, die Stille ist der schwerste Schmerz. Sie lässt dich erkennen, wie viel du verloren hast, ohne dass du es je bemerkt hast. Und je mehr du in ihr versinkst, desto weniger kannst du den Sturm hören, der dich vielleicht einmal gerettet hat."

Der junge Soldat schwieg, und wir standen einfach da, jeder in seiner eigenen Stille gefangen. Vielleicht war das der wahre Preis, den wir für den Frieden zahlten – die Stille, die uns die Stimme nahm, aber uns zugleich auch alles zeigte, was wir für immer verloren hatten.

Verblasste Gesichter

Verblasste Gesichter in der Menge,

wir tragen Masken, um zu überleben.

Hinter den Augen, die niemand sieht,

verstecken wir die Narben der Zeit.

Jeder Schritt ein Echo von gestern,

und dennoch geht es weiter,

weiter, ohne zu fragen, wohin.

Die Welt dreht sich, und wir stehen still,

uns selbst ein Rätsel, das niemand lösen kann.

Lächeln, sprechen, atmen –

doch innerlich sind wir längst geflüchtet,

verblasst, wie die Gesichter derer,

die uns einmal kannten.

Die Maske war nicht aus Metall, wie man sie sich vorstellte. Sie war aus dem, was wir nie zeigen wollten. Ein Lächeln, das uns den Tag erträglich machte, eine Miene, die wir trugen, um uns nicht zu verlieren. In den langen Stunden der Nacht, wenn wir endlich in den Trümmern saßen und der Wind leise durch die leeren Straßen pfiff, war es die Maske, die uns hielt.

„Hast du je darüber nachgedacht, was wir wirklich sehen, wenn wir uns in den Spiegel schauen?" fragte der junge Soldat, der neben mir am Boden saß.

„Ich vermeide es", sagte ich. „Der Spiegel ist nur eine weitere Maske. Du siehst nie, was du wirklich bist, nur das, was du zeigen musst."

„Aber was, wenn wir uns irgendwann nicht mehr von den Masken unterscheiden?"

Ich sah ihn an, und in seinen Augen war etwas, das ich nicht mehr kannte – der Wunsch, etwas anderes zu sein, als der Krieg es zuließ.

„Vielleicht sind wir längst wie die Gesichter, die wir in der Menge sehen. Vielleicht sind wir nur noch ein Schatten derer, die wir einmal waren. Und wenn wir die Maske ablegen, was bleibt dann?"

Er schwieg. Aber ich wusste, dass er es verstand. Der Krieg gab uns keine Wahl, er zwang uns, Masken zu tragen. Und irgendwann wurden die Masken so fest mit uns verbunden, dass wir nicht mehr wussten, wie wir ohne sie weitergehen sollten.

„Was bleibt?" fragte er schließlich. „Vielleicht die Erinnerung an das, was wir verloren haben."

„Ja, vielleicht", antwortete ich, und wir saßen lange in der Dunkelheit, ohne ein Wort zu verlieren. Es gab nichts mehr zu sagen. Die Masken hatten uns bereits verändert.

Im Wind der Vergänglichkeit

Im Wind der Vergänglichkeit
fliegen wir, ohne zu wissen, wohin.
Jeder Schritt ein Abdrift im Nichts,
jede Hoffnung wie ein flüchtiger Traum.
Und doch tragen wir das Leben weiter,
auf den Schultern derer, die nicht mehr da sind.
Im Wind der Vergänglichkeit
sehen wir, dass nichts bleibt,
außer dem, was wir in uns bewahren.

Es war der Blick, den ich nie vergessen konnte. Er kam nicht von jemandem, den ich kannte. Es war der Blick eines Mannes, der im selben Moment wie ich auf den Hügel starrte, die Trümmer hinter uns und die Dunkelheit vor uns.

„Weißt du", sagte er plötzlich, „ich frage mich, ob es einen Punkt gibt, an dem der Wind aufhört. An dem die Zeit uns nicht mehr trägt."

Ich konnte nicht antworten. Denn der Blick, den er in den Himmel richtete, war der gleiche, den ich immer wieder suchte, aber nie fand. Der Blick, der über das Jetzt hinausging, über das Hier und Heute. Vielleicht war es der Blick in die Vergänglichkeit, in die Unendlichkeit. Ein Blick, der uns versicherte, dass wir nur für einen Moment existierten, bevor wir wieder verschwanden.

„Vielleicht gibt es keinen Punkt, an dem es aufhört", sagte ich
schließlich. „Vielleicht ist das Leben nur ein Fluss, der uns alle
irgendwann mitnimmt, ohne dass wir wissen, wohin."

„Oder vielleicht ist der Wind der einzige Freund, den wir haben",
antwortete er nachdenklich. „Vielleicht bleibt er uns, auch wenn alles
andere fortgeht."

Wir saßen dort in der Dunkelheit, und der Wind trug die Worte davon,
bevor wir sie wirklich verstanden hatten. Vielleicht war der Wind
wirklich der einzige, der uns noch trug. Und vielleicht war das alles,
was wir brauchten, um weiterzugehen – die Hoffnung, dass es immer
etwas gibt, das uns trägt, auch wenn der Rest längst verschwunden ist.

Der letzte Augenblick

Im letzten Augenblick,

da fällt die Zeit still wie Staub.

Alle Fragen, alle Träume,

werden zu Nichts im Angesicht des Endes.

Und doch – in diesem Augenblick

liegt die ganze Welt,

so klar, so rein,

dass wir sie nur erblicken können,

wenn wir aufhören, nach ihr zu greifen.

Es war der Moment, in dem alles still wurde. Nicht die Welt um uns herum, sondern wir. Wir, die wir immer weiterzogen, die wir das Tempo nie verlangsamten, die wir den Augenblick nie wirklich erlebten.

„Glaubst du, wir können einfach anhalten?" fragte der Soldat leise. „Glaubst du, wir können die Zeit anhalten, für nur einen Augenblick?"

Ich sah ihn an. „Vielleicht. Vielleicht ist der Moment des Innehaltens der wahre Augenblick, in dem wir begreifen, dass wir niemals wirklich vorankommen müssen. Dass es der Moment ist, der alles verändert."

„Aber was bleibt dann?" fragte er, die Unsicherheit in seiner Stimme.

„Vielleicht bleibt dann nur der Augenblick. Der letzte, der wahre Augenblick, in dem wir verstehen, dass alles, was wir je suchten, immer nur ein Spiegelbild von uns selbst war."

Es war der Moment, in dem wir uns endlich erkannten – nicht als Soldaten, nicht als Kämpfer, sondern als Menschen. Und vielleicht war das der wahre Frieden, nach dem wir gesucht hatten – in der Stille, im Innehalten, in der Erkenntnis, dass wir schon immer dort waren, wo wir hinwollten.

Die Dämmerung des Seins

Die Dämmerung bricht sanft herein,
ein letzter Funke in der Dunkelheit.
Die Welt steht still im Atem der Nacht,
und wir, wir wissen nicht, wo wir stehen.
Vor uns liegt der Abgrund der Gedanken,
hinter uns der Schatten der Taten.
Zwischen den Welten, im Nichts,
finden wir uns selbst – und verlieren uns zugleich.

„Es gibt keinen richtigen Zeitpunkt, um zu gehen", sagte der ältere Soldat, als wir uns am Rande des Wüstenfeldes niederließen. Der Tag war fast zu Ende, der Himmel zog sich in tiefes Blau und die letzten Lichtstrahlen glitten über das zerklüftete Gelände.

„Woher weißt du das?" fragte ich, obwohl ich wusste, dass die Antwort weder klar noch endgültig sein konnte.

„Weil ich oft genug den Moment verpasst habe", antwortete er. „Weil ich zu lange gewartet habe, auf den perfekten Zeitpunkt, um zu handeln, und dann war alles, was blieb, die Dämmerung. Der Augenblick, in dem du erkennst, dass du nicht mehr vorhast, zu gehen, sondern dass du einfach schon längst gegangen bist."

Ich dachte nach, der Sand unter uns warm, die Stille fast greifbar. „Und dann?" fragte ich schließlich, „Was bleibt, wenn der Moment vergangen ist?"

„Der Moment bleibt", sagte er leise, „aber wir können nicht mehr zurück. Vielleicht ist das der wahre Krieg. Nicht die Schlachten, die wir kämpfen, sondern die, die wir nicht kämpfen, weil wir uns zu lange in den Dämmerungen aufhalten."

Sein Blick verlor sich im Horizont, und ich wusste, dass er das nicht nur über den Krieg sprach. Vielleicht war das der wahre Verlust – nicht der Tod, nicht der Schmerz, sondern die Zeit, die wir zwischen den Welten verbrachten, ohne zu wissen, wo wir wirklich hinwollten.

Der letzte Schritt

Der letzte Schritt, der uns gehört,

führt uns nicht ans Ziel, sondern an den Rand.

Ein Schritt in den Abgrund oder hin zum Licht,

wir wissen es nicht, doch wir gehen weiter.

Denn der Weg ist der, der uns bestimmt,

nicht das Ziel, das wir am Ende sehen.

Und so gehen wir, auch ohne zu wissen,

was der letzte Schritt uns bringen wird.

Ich erinnere mich an den Moment, als ich das erste Mal an den Rand ging, ohne zu wissen, was jenseits lag. Der Abgrund war nicht aus Felsen oder Stahl, sondern aus dem Unbekannten. Der Moment, in dem du nicht mehr sicher bist, was vor dir liegt, aber dennoch weitergehst.

„Und wenn wir fallen?" fragte der junge Soldat, der neben mir stand, während wir auf den Rand der Klippe blickten. „Was, wenn wir einfach stürzen?"

Ich lächelte, ein leises, fast bitteres Lächeln. „Dann fangen wir uns in der Luft. Vielleicht nicht mit den Füßen, aber vielleicht mit dem, was uns noch übrig bleibt."

„Was bleibt uns?" fragte er, und diesmal klang es weniger nach Angst als nach etwas anderem – vielleicht einem Hauch von Verständnis, vielleicht der Ahnung, dass wir alle irgendwann am Rand standen.

„Vielleicht bleibt uns der Moment des Fallens", antwortete ich. „Vielleicht ist der Fall der wahre Schritt nach vorn. Es ist nicht das Land, das du erreichst, sondern die Freiheit, das Unbekannte zu umarmen."

Wir standen lange da, ohne ein weiteres Wort zu verlieren. Der Wind wehte stärker, die Dämmerung wurde dichter, aber das Gefühl, dass wir ein Stück weiter waren, hielt uns fest.

Die Schatten im Licht

In den Schatten des Lichts,

finden wir uns selbst.

Nicht in der Klarheit, sondern im Zwielicht,

wo alles unklar, alles fließend ist.

Vielleicht sind wir mehr in den Schatten,

als im Licht, das uns die Welt zeigt.

Vielleicht sind wir in dem, was wir verbergen,

stärker als in dem, was wir offen zeigen.

„Es gibt nichts, was wir nicht wissen, oder?" sagte der junge Soldat, während wir uns im Schutz der Nacht auf den Weg machten. „Alles ist nur eine Frage der Perspektive."

„Vielleicht", antwortete ich. „Aber was wir wissen, ist oft nur die halbe Wahrheit. Die andere Hälfte liegt in den Schatten."

„Und was ist die andere Hälfte?" fragte er, seine Stimme unbestimmt, als ob er die Antwort schon kannte, aber sich nicht sicher war, ob er sie hören wollte.

„Es ist das, was wir nicht sehen können. Die Gedanken, die wir nicht aussprechen. Die Ängste, die wir nicht zeigen. Vielleicht ist die Wahrheit nicht das, was vor uns liegt, sondern das, was wir uns nicht einzugestehen wagen."

Er schwieg, aber ich konnte sehen, dass die Worte in ihm nachhallten. Vielleicht verstand er es, vielleicht auch nicht. Doch eines wusste ich:

Der Krieg war nicht nur die Schlacht, die vor uns lag. Er war auch die, die wir in uns trugen. Die Schlacht, in der wir die Wahrheit in den Schatten suchten, die wir vor uns selbst verbargen.

Die Stille zwischen den Schlägen

Ein Schlag, der die Luft zerschneidet,

und dann – Stille.

Die Erde atmet schwer,

wie ein Herz, das sich weigert zu schlagen.

In dieser Stille wächst der Schmerz,

wird das Unausgesprochene lauter

als der Klang der Waffen.

Hier, im Nichts, im Raum zwischen den Schlägen,

werden wir zu dem, was wir sind.

Nicht Soldaten, nicht Helden –

nur Menschen, die sich fragen,

ob sie die Stille überleben können.

Ich saß neben dem Zelt, der Himmel darüber grau und schwer, als der erste Schuss fiel. Der Klang drang durch die Stille wie ein Riss, der alles, was vorher war, auseinanderbrach. Im ersten Moment war alles in Bewegung, wie ein Albtraum, der sich in Licht und Dunkelheit auflöst. Aber dann kam die Stille.

„Es gibt nichts Schlimmeres als die Stille nach einem Schuss", sagte der ältere Soldat neben mir, ohne mich anzusehen. „Es ist nicht der Schmerz, der bleibt. Es ist nicht der Schock. Es ist die Stille."

Ich nickte, obwohl ich nicht wusste, ob ich es wirklich verstand. Der erste Schuss hatte uns geweckt, aber die Stille, die folgte, hatte uns auf die Realität gestoßen – dass der Krieg nicht nur aus lauten

Explosionen bestand, sondern auch aus der Ungewissheit, die in den Pausen zwischen den Schlägen lauerte.

„Und was tun wir, wenn die Stille kommt?" fragte ich, die Frage selbst war mehr eine Flucht vor dem Gedanken, der sich in mir breit machte.

„Dann hören wir zu", antwortete der Soldat. „Denn in der Stille liegt die Wahrheit. Sie erzählt dir, was du wirklich fühlst, was du wirklich fürchtest. Und sie zeigt dir, wer du in diesem Moment wirklich bist."

Ich schaute in die Ferne, aber alles, was ich sah, war eine endlose Weite – das Nichts, das durch die Stille noch größer schien. Vielleicht hatte er recht. Vielleicht war es die Stille, die uns verriet, was der Krieg wirklich von uns verlangte.

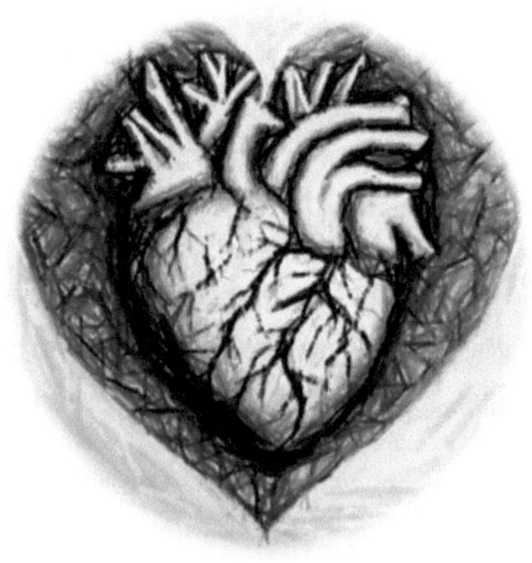

Die Last der Erinnerung

Die Erinnerung trägt schwer,

wie ein Mantel, der sich nie ablegen lässt.

Jeder Schritt, den wir machen,

hinterlässt einen Abdruck in der Seele.

Und doch gehen wir weiter,

tragen die Last, die uns prägt.

Vielleicht sind wir nie wirklich frei,

vielleicht tragen wir immer ein Stück der Vergangenheit

mit uns, in uns,

wie einen Schatten, den wir nicht abstreifen können.

Die Nacht war kühl, der Wind blies uns ins Gesicht, als wir in die Bunker gingen, um uns für die Nacht vorzubereiten. Der ältere Soldat saß neben mir, der Blick auf das Lagerfeuer gerichtet. „Weißt du, warum die Erinnerungen so schwer sind?" fragte er plötzlich.

„Weil sie uns einholen?" antwortete ich, obwohl ich wusste, dass es nicht so einfach war.

„Ja, aber noch aus einem anderen Grund. Erinnerungen sind wie der Sand in einer Uhr. Sie bleiben nicht nur da, sie füllen uns aus. Wir können sie nicht abstreifen wie Staub, sie gehören zu uns. Und je mehr wir mit der Zeit füllen, desto schwerer wird die Last."

Ich dachte nach. „Und was tun wir mit dieser Last?" fragte ich, meine Stimme ruhig, aber der Gedanke wie ein Gewicht auf meiner Brust.

„Wir tragen sie. Manchmal brechen wir darunter, manchmal wachsen wir daran. Aber sie gehört zu uns. Sie ist nicht das, was uns hindert, voranzugehen. Sie ist das, was uns zeigt, wer wir wirklich sind."

Ich schaute in die Flammen, die tanzten und flackerten. Vielleicht hatte er recht. Vielleicht waren es die Erinnerungen, die uns nicht nur die Vergangenheit brachten, sondern auch das, was wir noch werden könnten. Vielleicht trugen wir nicht nur die Last der Fehler, sondern auch das Potenzial für alles, was wir noch tun könnten.

Der Weg des Windes

Der Wind trägt die Stimmen der Vergangenheit,

flüstert uns Dinge, die wir vergessen wollten.

Doch er bleibt nicht stehen,

zieht weiter, ohne Rast.

Wir aber, wir bleiben,

halten an den Erinnerungen fest,

die uns der Wind hinterlassen hat.

Vielleicht ist der Weg nicht das Ziel,

sondern der Wind, der uns führt,

egal, wohin wir gehen.

„Der Wind ist der einzige, der uns nie verlässt", sagte der Soldat, als wir am Rande des verlassenen Geländes standen. Die Bäume bogen sich im Wind, und ich konnte das Rauschen in meinen Ohren hören.

„Warum denkst du das?" fragte ich, als ich den Blick auf das weite Feld richtete, das vor uns lag.

„Weil der Wind alles mitnimmt", antwortete er. „Er nimmt unsere Worte, unsere Taten, unsere Ängste – und trägt sie fort. Aber wir sind nie wirklich frei davon. Der Wind erinnert uns an alles, was wir je waren, an alles, was wir je getan haben."

Ich sah ihn an, den ernsten Ausdruck in seinem Gesicht. „Und wohin führt uns der Wind?" fragte ich leise.

„Er führt uns nicht wohin“, sagte er schließlich. „Er lässt uns einfach weitergehen. Ohne ein Ziel, ohne ein Ende. Aber er hilft uns, uns zu erinnern, dass wir nicht alleine sind. Dass wir nicht die einzigen sind, die den Weg gehen.“

Ich nickte und ließ mich vom Wind treiben, der mich sachte fortführte. Vielleicht war der Weg nicht so wichtig. Vielleicht war es der Wind, der uns begleitete, der uns half, das zu finden, was wir suchten.

Die Farben des Grauens

Es gibt Farben, die man nicht beschreibt,

weil sie die Seele zu zerreißen drohen.

Ein Grau, das tiefer ist als der Ozean,

ein Schwarz, das keine Hoffnung kennt.

Im Krieg gibt es keine Farben,

nur Schatten, die sich immer länger dehnen.

Und doch suchen wir nach dem Licht,

auch wenn wir wissen, dass es nur ein flimmernder Traum ist,

der in den dunklen Ecken verblasst.

Die Sonne ging unter, und mit ihr das letzte Stück Hoffnung, das ich in mir trug. Der Tag war wie ein Grauton, der nicht enden wollte. Wir standen in den Schützengräben, der Schlamm klebte an unseren Stiefeln, der Regen prasselte auf uns herab, doch das war nicht das, was uns zermürbte. Es war das Warten.

„Du denkst, du siehst die Farben noch, wenn es vorbei ist?", fragte der junge Soldat neben mir. Er war neu hier, und seine Augen suchten nach einem Halt, den er noch nicht finden konnte.

„Welche Farben?", fragte ich zurück.

„Die, die alles irgendwie erträglich machen", sagte er. „Bevor alles grau wird."

Ich schüttelte den Kopf. „Im Krieg gibt es keine Farben mehr",
murmelte ich, ohne es wirklich zu merken. „Es gibt nur noch Schatten,
die sich immer weiter ausdehnen."

Er nickte, als er versuchte, meine Worte zu verstehen. Aber ich
wusste, er konnte es nicht. Nicht wirklich. Er hatte noch nicht erlebt,
was es bedeutet, einen Teil von sich in diesem Grau zu verlieren, das
den Krieg umhüllt.

„Was tun wir, wenn der Schatten uns verschluckt?", fragte er.

Ich sah zu ihm und dann zurück auf den Horizont, wo der letzte
Lichtstrahl erlosch. „Dann stehen wir auf", sagte ich. „Und machen
weiter, bis der nächste Tag kommt, auch wenn er uns die Hoffnung
raubt."

Und so ging der Krieg weiter – nicht in Schlachten, sondern in den
Schatten, die wir jeden Tag bekämpften.

Das Echo der Toten

Die Toten sprechen leise,

in den Nächten, die nie enden.

Ihre Stimmen fliegen mit dem Wind,

tragen Erinnerungen von Dingen,

die wir nie begreifen konnten.

Es ist nicht der Tod, der uns erschreckt,

sondern das, was er in uns zurücklässt –

ein leises Flüstern, das uns nie verlässt.

Die Nacht war kalt, der Himmel darüber war wolkenverhangen, als ich auf das Feld blickte. Der Soldat, der neben mir stand, hielt inne. „Weißt du, was mich am meisten quält?" fragte er.

Ich drehte mich zu ihm. „Was?" fragte ich.

„Es ist das Wissen, dass ich nie erfahren werde, was diese Leute hinterlassen haben", sagte er. „Die, die da drüben liegen. Wir hören immer wieder ihre Geschichten, aber nie das Ende. Nie das, was sie noch vorhatten, bevor der Krieg sie verschluckte."

Ich sah in die Ferne, wo die letzten Reste der Sonne verschwanden. „Vielleicht ist das der Fluch des Krieges", sagte ich. „Er nimmt alles, was du liebst, und lässt nur noch die Fragen zurück. Die Toten sprechen nicht, sie flüstern nur, was wir nicht verstehen können."

„Glaubst du, dass wir irgendwann verstehen?“, fragte er.

„Vielleicht“, antwortete ich. „Aber ich glaube, es ist die Antwort, die wir nie bekommen wollen. Denn manchmal ist es besser, das Unverständliche nicht zu wissen. Sonst verlieren wir uns noch mehr.“

Ich blickte auf den Boden, auf den verwitterten Schlamm, der unter meinen Füßen knirschte. In diesem Moment wusste ich, dass die Toten vielleicht nicht mehr sprechen, aber sie hinterließen etwas, das schwerer wog als jedes Wort – die Erinnerung, die uns nie ganz losließ.

Der Weg des Vergessens

Der Weg des Vergessens ist lang,

doch er führt uns immer weiter.

Schritt für Schritt,

lassen wir das, was uns quält, hinter uns.

Vielleicht ist der Frieden nur der Beginn des Vergessens,

und das Vergessen der Preis, den wir zahlen,

um weiterzugehen.

Die Sonne schien durch die Wolken, als ich zurück ins Lager ging. Der Tag hatte sich gewendet, und mit ihm die Gedanken. Der Krieg, die Schüsse, die Explosionen – sie schienen weit entfernt. Aber ich wusste, dass der Frieden, den wir hatten, nur vorübergehend war. Der Krieg hatte uns mehr genommen, als wir je wiederfinden konnten.

„Glaubst du, wir finden je einen echten Frieden?" fragte der junge Soldat, der neben mir ging.

„Ich weiß es nicht", antwortete ich. „Vielleicht ist Frieden nur eine Vorstellung, die wir uns aus der Ferne anschauen. Etwas, das wir nie wirklich erreichen können, weil es nur in den Geschichten existiert."

„Aber müssen wir nicht an diese Geschichten glauben, um überhaupt weiterzumachen?", fragte er.

Ich dachte nach, als wir das Lager erreichten. „Vielleicht", sagte ich schließlich. „Aber der Frieden, den wir suchen, ist nicht der Frieden, den wir uns wünschen. Es ist der Frieden, der in uns wächst, während wir all das durchstehen. Der wahre Frieden liegt nicht in der Abwesenheit des Krieges, sondern in der Akzeptanz dessen, was wir geworden sind."

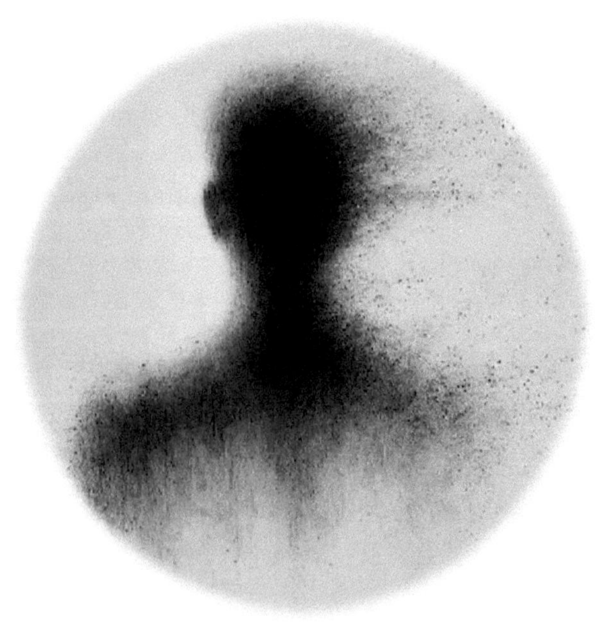

Der wahre Feind

Es ist nicht der Feind, der uns am meisten ängstigt,
sondern der Kaffee, der uns nach der Schlacht entgleitet.
Er sprudelt aus der Tasse wie ein Vulkan aus Lava,
während wir versuchen, unsere Zunge zu retten.
Ja, der wahre Feind ist der Morgen,
mit seiner kalten Umarmung und einem Becher,
der uns mehr aus der Bahn wirft, als jeder Schuss.

Es war einer dieser Tage, an denen das Wetter in der Arktis so
ungefähr die gleiche Temperatur wie unser Humor hatte – also
gefühlte minus zwanzig Grad. Wir standen in den Schützengräben, der
Regen fiel so gleichmäßig, dass es fast schon entspannend war. Fast.

„Du, hast du schon mal darüber nachgedacht, dass wir hier vielleicht
einfach falsch sind?" fragte der neue Soldat, der uns frisch aus der
Heimat zugewiesen wurde. Er sah aus, als hätte er gerade das erste
Mal auf die Realität des Krieges geblickt.

„Was meinst du?", fragte ich und versuchte, mich mit einer Hand auf
dem Tarnnetz zu stützen, während ich mit der anderen den Kampf
gegen meinen Kaffee verlor. Das Zeug war so kalt, dass es inzwischen
aussah, als könnte man darin einen Fisch züchten.

„Ich meine...“, er rieb sich die Augen, „...dieses ganze Zeug. Die
Schüsse, das Geschrei, der Matsch. Aber der wahre Kampf... der echte
Feind... der ist der Kaffee. Der ist immer zu heiß, wenn du ihn trinken
willst, oder zu kalt, wenn du ihn endlich ertragen kannst. Wir gehen in
den Krieg, und der Kaffee stellt sich gegen uns.“

Ich lachte. „Ah, der wahre Feind ist also der Kaffee, nicht der
Scharfschütze in der Ferne?“

„Eindeutig. Der Kaffee hat uns schon längst besiegt.“

„Na gut“, sagte ich, „wenn der Kaffee das Schlachtfeld dominiert,
dann können wir ja schon mal den Rückzug antreten.“

Wir beide starrten auf die Tasse, die nach den letzten
Überlebensschnipseln in einem Kriegsfeld ausschaut. Keine Frage, der
Kaffee war unser täglich Brot. Und die wichtigste Schlacht des Tages
fand immer in der Tasse statt.

Wenn der Tag stirbt

Der Tag stirbt langsam,

wie ein müder Soldat,

der endlich die Waffe niederlegt,

nach einem langen Gefecht.

Er zieht die Wolken über den Himmel,

als wären sie seine letzten Atemzüge,

und lässt uns zurück mit der Frage:

„Wer hat den Krieg wirklich gewonnen?"

„Also, mal ehrlich, was genau machen wir hier eigentlich?", fragte

der junge Soldat mit einem Blick, der so sorglos war wie ein Hund,

der gerade den größten Knochen gefunden hatte.

Ich sah ihn an. „Was meinst du?"

„Ich meine, schau dich mal um. Die einzige Art von Explosionen, die

hier passieren, sind die, die unsere Herzen verursachen, wenn der

Kaffee wieder ausläuft."

Ich schmunzelte. „Ach, du hast noch nicht verstanden, dass der wahre

Krieg hier gar nicht auf dem Feld stattfindet? Es ist der unsichtbare

Krieg zwischen uns und dem Kaffee."

Er sah mich an, als hätte ich gerade die Geheimformel für den Weltfrieden enthüllt. „Meinst du das ernst?"

„Absolut", sagte ich und nahm einen weiteren Schluck aus meiner Tasse, der eindeutig den Wahnsinn in sich trug. „Der Kaffee ist die wahre Front. Der Kampf gegen das Koffein – das ist das wahre Schlachtfeld. Das hier ist nur ein Missverständnis."

Er lachte und nickte, während wir uns wieder auf den Boden setzten, um die nächsten Stunden im ständigen Wechsel von Regen und Matsch zu verbringen.

Im Schlamm versunken

Wir sind im Schlamm versunken,

doch der Humor trägt uns weiter.

Wie gut, dass der Matsch

uns nicht ganz verschluckt hat.

Und auch wenn der Regen fällt,

während wir über uns selbst lachen,

wissen wir eines ganz genau:

Ein guter Witz ist der einzige Rüstungsstoff,

der uns vor dem Wahnsinn schützt.

„Weißt du, was der wahre Wahnsinn ist?" fragte der Soldat, der immer noch versuchte, den Regen mit einem Taschentuch abzuwischen, als wäre es ein Verbrechen, nass zu sein.

„Glaub mir, das weiß ich besser als du", sagte ich und schüttelte den Kopf. „Der wahre Wahnsinn ist der Moment, wenn du dich fragst, ob du überhaupt noch weißt, was du hier tust."

„Das ist der Punkt, oder?", sagte er und sah mich mit einem schiefen Grinsen an. „Du weißt es nicht mehr. Aber das macht nichts, weil du keine Zeit hast, es herauszufinden."

Ich konnte nicht anders, als zu lachen. Es war der einzige Moment, in dem der Regen nicht mehr so grausam war. Wir saßen da, der Regen prasselte auf uns herab, und trotzdem fühlte es sich fast an wie eine komische Art von Freiheit.

„Der wahre Wahnsinn", sagte er, „ist, dass wir immer noch einen Schritt weitergehen können, obwohl wir wissen, dass wir den Weg gar nicht mehr kennen."

„Aber das ist der Trick", sagte ich. „Der Krieg wird nicht gewonnen, indem du den richtigen Weg findest. Er wird gewonnen, wenn du lernst, über dich selbst zu lachen."

Der Ruf des Mysteriums

Der Feind ist nicht dort,

wo der Mangel an Licht uns blendet.

Er ist dort, wo der Unsichtbare ruft,

wo der Kaffee in der Kanne sich verwehrt,

und der Marsch nicht mehr den Boden berührt.

Der Feind ist der Moment,

in dem wir uns selbst im Spiegel nicht mehr finden,

ein Schatten unserer selbst – und doch so fest,

dass er uns im Schlaf heimsucht.

„Weißt du, was mich wirklich nervt?", fragte der Soldat mit dem ständigen Grinsen, als wir am Rande des Lagers standen und nichts als Stille herrschte – eine seltene, fast schon unheimliche Stille.

„Was?", fragte ich, den Blick auf den Horizont gerichtet, der sich so flach und eintönig anfühlte wie der Nachmittag, der keine Erinnerungen hervorbrachte.

„Dass der Feind hier ist, aber wir ihn nicht sehen können. Ich meine, wir rennen hier durch den Matsch, sehen uns nach allen Seiten um, aber der Feind? Den gibt's nicht. Der wartet auf uns, als ob er ein unsichtbarer Gast wäre."

„Oh, der Feind ist ganz real", antwortete ich, „er ist nur ein bisschen scheu. Meistens trägt er Tarnung, oder er versteckt sich hinter einem schlechten Witz. Was ist schlimmer als ein unsichtbarer Feind? Ein Feind, der die ganze Zeit über dich lacht.“

„Das ist der wahre Horror“, sagte er, ohne zu zögern. „Der Feind, der uns zum Lachen bringt, bis wir die Realität vergessen.“

Ich grinste. „Der wahre Feind ist der, der uns in den Wahnsinn treibt – und das, ohne einen einzigen Schuss abzufeuern.“

Er lachte, dann sah er mich mit ernster Miene an. „Aber mal im Ernst, wann hast du das letzte Mal deinen Kaffee so richtig genossen?“

„Vor dem letzten Gefecht“, antwortete ich. „Aber das war vor einer Ewigkeit. Der Kaffee ist inzwischen so bitter, dass ich ihm beinahe mehr Feindseligkeit entgegenbringe als dem echten Feind.“

„Kaffee“, sagte er, „ist der wahre Lebensretter hier. Und trotzdem der größte Verführer, den wir je hatten.“

Wir beide schauten auf die dampfende Kanne, die uns schwach, aber entschlossen anstarrte. Es war der einzige Feind, dem wir freiwillig begegneten. Und der einzige, der uns in den Wahnsinn trieb.

Der Mangel an Humor

Der Mangel an Humor ist unser größter Feind,

er entwaffnet uns in den stillen Momenten,

in denen wir uns selbst verlieren.

Mit jedem Schritt wird der Tag schwerer,

der Mangel an Lachen zieht uns nieder,

bis wir uns fragen, ob wir überhaupt noch wissen,

wie man einen Witz erzählt.

Der Mangel an Humor ist die unsichtbare Waffe,

die uns im Stande der Lähmung hält.

„Also, was hältst du von dieser ganzen Situation?" fragte der junge

Soldat, der offensichtlich einen gewissen Sinn für Humor entwickelte,

um der ewigen Tristesse zu entkommen.

„Du willst wissen, was ich von dieser ganzen Situation halte?", fragte

ich, ohne den Blick von meinem Schuhwerk abzuwenden, das sich

gerade eine neue Schicht Matsch anlegte.

„Ja, genau", sagte er, „du bist doch der Alte hier, du hast sicher eine

philosophische Antwort."

„Nun", begann ich, während ich einen weiteren Schritt in den

Schlamm setzte, „meine Antwort ist simpel. Krieg ohne Humor ist wie

ein Steak ohne Salz – einfach nicht erträglich. Wir könnten uns hier

darüber den Kopf zerbrechen, was uns am meisten plagt – der

Schmutz, der Regen, die ständigen Alarmproben oder die Tatsache, dass wir nichts anderes tun, als uns durch die Landschaft zu schleppen. Aber der wahre Feind hier ist der Mangel an Humor. Wenn wir das Lachen verlieren, verlieren wir uns selbst."

Er lachte, und ich konnte sehen, wie der Stress von ihm abfiel. „Also, du sagst, wir brauchen mehr Witze?"

„Genau", antwortete ich. „Der humorvolle Soldat ist der wahre Überlebende. Ein guter Witz macht den Tag erträglicher und lässt uns den Feind sogar ein kleines bisschen vergessen."

„Wenn wir alle anfangen, uns gegenseitig Witze zu erzählen, dann müssen wir ja bald keine Waffen mehr tragen", sagte er mit einem schelmischen Grinsen.

„Genau", sagte ich. „Dann sind wir die letzten Krieger der Welt – bewaffnet mit nichts als einem guten Spruch."

Wir beide lachten, und ich musste zugeben, dass der Moment für einen Augenblick fast wie ein normaler Tag wirkte. Vielleicht war der wahre Feind doch nicht der, den wir jagten. Vielleicht war der wahre Feind der, den wir in uns selbst trugen.

Der Mond über uns

Der Mond über uns, er schweigt,

wie ein alter Soldat, der uns alles zeigt.

Er kennt den Schmerz der vielen Nächte,

die uns immer wieder in die Ferne schleichen.

Doch auch der Mond trägt sein Geheimnis,

und der Blick in seine stille Ruhe

verrät uns mehr, als wir je wissen wollten:

Der Frieden ist nicht das Ziel,

sondern die Reise dorthin.

„Der Mond scheint heute besonders hell, findest du nicht?" fragte der neue Soldat, der immer noch versuchte, sich ein Bild von allem zu machen, was hier geschah.

„Er scheint immer dann am hellsten, wenn wir ihn am meisten brauchen", antwortete ich, „und auch dann, wenn wir uns in der Dunkelheit verirren."

„Glaubst du, der Mond sieht das alles?", fragte er, „den ganzen Wahnsinn hier?"

„Ich glaube, der Mond ist der einzige, der nichts dagegen tun kann", sagte ich und seufzte. „Er bleibt einfach da oben und schaut uns zu, wie wir uns im Kreis drehen. Vielleicht weiß er mehr, aber er sagt nichts. Vielleicht sieht er das alles schon seit Jahrhunderten."

„Weißt du, was das Schlimme ist?", fragte er plötzlich, „das Schlimme ist, dass wir wissen, dass wir irgendwann genauso stumm sein werden wie der Mond. So lange kämpfen, bis wir es nicht mehr merken."

Ich sah ihn an. „Vielleicht", sagte ich, „aber dann haben wir wenigstens ein paar gute Geschichten zu erzählen."

Er nickte. „Geschichten... genau. Ich hoffe, der Mond hört sie alle."

Der Tod trägt Stiefel

Der Tod trägt Stiefel, so schwer und fest,

stampft durch die Nacht, wo die Hoffnung zerbricht.

Er spricht kein Wort, doch jeder hört,

seine Schritte hallen, wie ein ferner Lärm.

Er nimmt uns nicht auf einmal,

sondern zieht uns langsam in den Sog,

verblasst uns ins Grau, bis wir nicht mehr wissen,

ob wir noch stehen oder schon gefallen sind.

„Was willst du, dass ich dir sage?", fragte der Soldat mit einem zynischen Lächeln, während er an seiner Zigarette zog. „Der Tod? Der ist doch hier der einzige, der einen ordentlichen Job hat. Immer pünktlich, immer effizient. Kein Wunder, dass er so beliebt ist."

Ich blickte ihn an. „Du kannst wirklich immer den richtigen Moment für einen schlechten Witz finden, was?"

„Was soll ich machen? Wenn du schon hier bist, dann sollte man das Leben wenigstens mit einem Hauch Humor nehmen. Glaub mir, der Tod ist der einzige, der nie eine schlechte Nacht hat."

„Er hat auch nie Verspätung", sagte ich, „was den Job irgendwie auch langweilig macht. Keine Überraschungen, keine dramatischen Einzüge. Er kommt einfach, schnippt mit den Fingern, und schwupps, da liegt einer weniger."

„Naja", sagte er mit einem Seitenblick, „immerhin kann er auch nichts dafür. Vielleicht mag er nicht mal den Job. Vielleicht steht er auch nur da und wartet darauf, dass uns jemand endlich aufhält, bevor er wieder losmarschiert."

„Wahrscheinlich", antwortete ich. „Vielleicht hat der Tod einfach genug von uns. Schließlich kommen wir alle irgendwann zu ihm, nicht wahr?"

„Und was dann?", fragte er und schaute nachdenklich in die Ferne, „machen wir ein Fest? Setzen uns alle zusammen, trinken ein Glas Bier und erzählen uns, wie schlimm wir's gehabt haben? Ich hoffe, der Tod hat einen guten Sinn für Humor. Sonst wird's furchtbar langweilig."

„Der Tod hat keinen Humor", antwortete ich. „Sonst würde er uns nicht immer das gleiche graue Ende auftischen. Kein Knall, kein Feuerwerk – einfach das leise Verschwinden."

Er grinste. „Das klingt ja fast wie der schlimmste Club, in dem man Mitglied sein kann. Kein Bier, keine Musik, keine Girls... nur der Tod, der mit den Stiefeln im Takt klopft."

„Genau so ist es", sagte ich. „Aber weißt du, was das Schöne ist? Er wartet nie länger als nötig. So gesehen, ist er ein echter Profi."

„Schade, dass wir nicht mit ihm auf ein Bier gehen können", murmelte er und ließ die Zigarette auf den Boden fallen, bevor er sie mit dem

Stiefel zertrat. „Wäre sicher der einzige, der bei uns allen eine ruhige Minute findet."

Ich lachte, doch das Lachen war hohl. Der Tod war in diesem Moment vielleicht der einzige, der tatsächlich eine Ahnung von Timing hatte.

Das Ende in Sicht

Die Uhr tickt leise, der Tag zerbricht,
der Tod steht vor uns, und wir weichen nicht.
Er trägt seine Stiefel, und wir sind bereit,
zu gehen in den Dämmer der Ewigkeit.
Der Kampf war lang, der Lohn ist klein,
doch am Ende bleibt uns nur das Sein.
Kein Schmerz, kein Leid, nur der letzte Blick,
auf das Leben, das zerfällt, Stück für Stück.

„Bist du bereit?" fragte der Soldat mit einem schiefen Grinsen. Es war ein dummer Spruch, der eigentlich nie eine Antwort verlangte.

„Na klar, bin ich bereit", antwortete ich und setzte mich auf einen Felsen. „Das Leben ist schließlich wie ein verdammtes Fernsehprogramm. Irgendwann ist der Akku leer, und dann schaltet der Fernseher ab. Einfach aus, ohne Vorwarnung."

Er setzte sich neben mich, sein Blick starrte auf den Horizont. „Weißt du, was ich immer noch nicht verstehe?", fragte er. „Warum wir uns immer wieder fragen, ob es das alles wert ist. Wir wissen doch, dass der Tod da ist. Der lässt nicht lange auf sich warten."

„Genau", sagte ich und schüttelte den Kopf. „Vielleicht mag er uns einfach so lange quälen, bis wir uns endlich auf die Fahrt nach unten begeben. Vielleicht fährt er mit uns im gleichen Zug. Wer weiß das schon?"

„Der Zug, der uns alle mitnimmt, ohne Ticket", sagte er und lachte. „Wie ein mieser Scherz, der sich ewig wiederholt."

„Das ist der Deal", antwortete ich. „Der Tod ist der einzige, der wirklich durchkommt. Er nimmt uns alle und lässt uns in diesem abgefuckten Zug weiterfahren, als ob wir nie ausgestiegen wären. Aber irgendwann... irgendwann kommen wir doch am Ziel an."

„Und dann?", fragte er.

„Dann...", sagte ich, „kommt der wahre Spaß. Oder der wahre Horror. Wie auch immer man das nennen will."

Er grinste. „Ich bin ja mal gespannt, wie der Tod seinen Job so beendet. Vielleicht kommt er eines Tages zu mir, klopft mir auf die Schulter und sagt: 'Du hast gut durchgehalten, Kumpel.'"

„Und dann?"

„Dann", sagte er mit einem Lächeln, „gehen wir zusammen ein Bier trinken."

„Solange er einen guten Witz auf Lager hat", sagte ich. „Sonst wird das der langweiligste Drink meines Lebens."

Der Humor des Krieges

Der Humor des Krieges ist finster und leer,
er schleicht sich ins Leben, so schrecklich wie schwer.
Er trifft uns im Moment, wenn die Augen verblassen,
und lacht uns ins Gesicht, während wir wieder verblassen.
Doch zwischen den Lachen, den Stichen, den Schreien,
wird der Humor zum letzten Flügel, der uns lässt gedeihen.

„Es gibt keine größere Waffe als Humor, verstehst du?" fragte der Soldat, der schon viel zu lange den Dreck des Krieges auf seinen Schultern trug. „Wenn du uns nicht zum Lachen bringst, hast du verloren."

„Klar, der Humor ist der einzige, der uns hier noch irgendwie zusammenhält", antwortete ich. „Aber irgendwann wird auch der schärfste Witz stumpf. Der Krieg hat uns das genommen – das Lachen, das uns früher noch am Leben hielt."

„Naja, der Humor ist halt ein bisschen wie der Kaffee hier. Zuerst richtig stark, aber irgendwann schal. Und trotzdem müssen wir immer wieder nachschenken, als ob nichts wäre."

Ich lachte. „Und trotzdem sind wir die letzten Idioten, die mit einem Grinsen in die Hölle marschieren."

„Genau", sagte er, „und das ist der einzige Grund, warum der Krieg uns nie ganz besiegt. Denn wir haben immer noch den Humor. Und den nimmt uns niemand."

Die Stille, die uns gehört

Die Stille zwischen den Schüssen,

sie ist lauter als jeder Lärm.

Kein Wort, kein Schrei, nur das Warten

auf das, was kommt – das, was uns verwehrt.

Ein Rauschen im Kopf, das nie verstummt,

die Erinnerung an das, was wir taten.

In der Stille liegt ein ganzes Leben,

doch es fliegt vorbei, wie der Wind im Regen.

„Du weißt, was das Schlimmste am Krieg ist?", fragte der Soldat, der mir gegenüber auf dem schmutzigen Betonboden saß. „Die Stille. Die Art von Stille, die nicht mal die Schüsse durchbrechen können."

„Klingt, als ob du dich an den Moment gewöhnen würdest, in dem nichts mehr passiert, und trotzdem hörst du es. Die Stille, die dich von innen auffrisst", antwortete ich, während ich die leeren Munitionshülsen betrachtete, die sich langsam zu einem Haufen sammelten.

„Genau", sagte er und sah in die Ferne. „Du kannst den Moment noch hören, selbst wenn keine Explosion mehr kommt. Du hast die Geräusche von all dem, was wir durchgemacht haben, in dir gespeichert. Die Stille ist der einzige Sound, der sich wirklich einprägt."

„Es ist wie ein Echo“, sagte ich, „und es bleibt noch lange nach dem letzten Schuss.“

„Ja“, stimmte er zu. „Und du weißt, was das Traurige ist? Das Echo gehört uns. Niemand anderes hört es. Es ist der Sound von all dem, was wir verloren haben. Der Sound der Stille.“

„Klingt wie der Beginn eines traurigen Films“, sagte ich. „Weißt du, der eine, in dem am Ende der einzige Überlebende auf den leeren Straßen steht und der Wind durch die Fenster weht.“

„Genau“, antwortete er mit einem leichten Lächeln. „Und der Typ hat immer noch die Stille in den Ohren. Der letzte Überlebende der Lärmfabrik.“

„Und vielleicht ist er der einzige, der den Film zu Ende sehen darf“, fügte ich hinzu. „Weil niemand anderes mehr da ist, um das Ende zu erleben.“

„Schöner Scheiß, oder?“ sagte er mit einem bitteren Lachen. „Die Stille ist das Einzige, das bleibt. Der Rest? Der verblasst.“

„Und trotzdem sind wir noch hier“, antwortete ich, „hörend, wartend, atemlos, aber am Leben. Vielleicht ist das der wahre Lärm – das, was wir in uns tragen.“

„Vielleicht“, murmelte er. „Vielleicht ist es das Leben, das nie wirklich verstummt. Es lebt in uns, auch wenn alles andere schweigt.“

Der Schatten des Krieges

Der Schatten des Krieges fällt auf uns,

die Sonne scheint, doch wir tragen den Dämmer.

Er reicht tief, er reicht weit,

nimmt uns mit, bis zum letzten Schritt.

Was bleibt, ist der Blick in die Leere,

die Erinnerung, die niemals entweicht.

Die Erde bebt und weint,

doch der Krieg – der bleibt, solange wir ihn teilen.

„Du weißt, was das Schlimmste ist?" sagte der Soldat, als er sich eine Handvoll Staub aus den Augen wischte. „Dass der Krieg nie wirklich aufhört. Er sitzt einfach bei dir, wie ein Schatten, der nie geht."

„Er bleibt bei uns, das stimmt", antwortete ich. „Er schleicht sich an, setzt sich zu uns, als ob er ein Teil von uns geworden wäre. Und dann, wenn wir denken, wir sind frei, dann steht er wieder auf, lehnt sich gegen die Wand und wartet auf seinen nächsten Einsatz."

„Und dieser Einsatz kommt immer", sagte er mit einem bitteren Lächeln. „Das Schlimme ist, du kannst den Krieg nicht abschütteln. Es ist nicht wie ein Feuer, das irgendwann erlischt. Es ist wie ein Schatten, der sich mit dir bewegt, und du kannst nicht entkommen."

„Also sind wir nicht nur Soldaten. Wir sind auch Schatten", sagte ich, und es schien fast zu passen.

„Ja, genau", stimmte er zu. „Und wenn du genug Zeit hast, merkst du irgendwann, dass du mehr Schatten bist als Mensch. Der Krieg zieht uns runter, bis wir nur noch eine Silhouette in der Dämmerung sind."

„Und trotzdem, trotz allem", sagte ich, „stehen wir immer wieder auf. Der Schatten kann uns nicht ganz verschlingen, so lange wir uns erinnern, wer wir sind."

„Vielleicht", sagte er und sah auf den Horizont, „vielleicht ist es das, was den Krieg so gefährlich macht. Nicht, was er mit uns tut, sondern was er mit uns lässt."

„Und was bleibt?", fragte ich.

„Der Schatten", antwortete er. „Er bleibt immer."

Poesie im Staub

Der Staub kennt keine Fahnen,
keine Sieger, keine Heimat.
Er setzt sich in die Stiefel,
in die Gedanken, in die Jahre,
die irgendwo zwischen Befehl und Gehorsam verschwinden.

Schatten marschieren lautlos hinter uns her,
mal Kameraden, mal Geister.
Die Uniform passt sich dem Körper an –
die Erinnerungen tun es nicht.

„Weißt du, was das Beste an Mali ist?" fragte Schulze, während er mit seinem Löffel in der Einmannpackung rührte.

„Dass es irgendwann vorbei ist?" schlug ich vor und schob mir ein labberiges Stück Brot in den Mund.

„Nein, Mann. Dass du hier das ganze Jahr Sommer hast. In Deutschland stehst du morgens im Regen, mittags in der Kantinenschlange und abends im Stau. Hier hast du wenigstens eine Konstante: Hitze. Und Sand. Viel Sand."

„Ja, fantastisch", murmelte ich. „Hitze, Sand, keine kalten Biere, keine vernünftige Toilette. Urlaub in der Hölle."

Schulze grinste und biss in seinen Riegel. „Dafür keine Schwiegermutter.“

Ich musste lachen. „Okay, fairer Punkt.“

In der Ferne hörte man Rotoren. Ein NH90 flog in Richtung Außenposten. Routine. Alles Routine.

„Manchmal frage ich mich“, sagte ich nach einer Weile, „warum wir uns das hier eigentlich antun.“

Schulze zuckte die Schultern. „Weil uns in Deutschland langweilig wäre. Weil wir was Sinnvolles tun wollen. Weil wir zu dumm für einen Bürojob sind. Such's dir aus.“

Er lehnte sich zurück, die Waffe neben sich, die Sonnenbrille auf der Nase. „Oder weil wir die einzigen Idioten sind, die immer noch aufstehen, wenn der Rest liegen bleibt.“

Ich nahm einen Schluck warmes Wasser und schüttelte den Kopf. „Klingt fast poetisch.“

„Tja“, sagte Schulze. „Vielleicht sind wir das ja. Krieger mit Poesie im Staub.“

Dann wurden wir zum nächsten Auftrag gerufen. Keine Zeit für große Gedanken.

Die Hitze blieb. Der Sand auch.
Und irgendwo in der Ferne wartete schon die nächste Routine.

Eiserne Gewohnheit

Der Morgen riecht nach Diesel und abgestandenem Kaffee,
nach Waffenöl und Schweiß,
nach zu wenig Schlaf und zu vielen Befehlen.
Gewohnheit ist unser Schild,
Zynismus unser Schwert.

Man nennt es Kameradschaft,
doch es ist mehr als das.
Es ist das Nicken ohne Worte,
die Zigarette in der Nacht,
der geteilte Schluck aus der Feldflasche,
wenn nichts anderes mehr bleibt.

„Jungs, heute wird's ein entspannter Tag", sagte der Zugführer.
Das bedeutete übersetzt: Heute wird's die Hölle.

„Wir haben eine Patrouille raus in Sektor Blau, ein bisschen Präsenz
zeigen, ein paar freundliche Winken an die Einheimischen – ihr kennt
das Spiel."
Wir kannten es. Es war das gleiche Spiel wie immer, mit den gleichen
Regeln: Sei höflich, aber nicht zu weich. Sei aufmerksam, aber nicht
paranoid. Und vor allem – sei bereit, wenn der Spaß losgeht.

Ich zog meine Schutzbrille zurecht und warf einen Blick auf meinen
Trupp.

Schulze gähnte demonstrativ. „Wenigstens regnet's nicht."

„In Mali regnet's nie, du Genie.“

„Sag ich doch – alles hat seine Vorteile.“

Der Konvoi setzte sich in Bewegung. Staubwolken stiegen auf, die Motoren brummten monoton. Ich hasste diese Geräusche, weil sie mich zu sehr an Routine erinnerten. Routine war gut. Routine war tödlich.

„Wetten, dass der LT uns wieder an den selben kaputten Brunnen schickt?“ fragte Hoffmann aus dem hinteren Wagen.

„Wenn du verlierst, schulde ich dir 'nen Bier“, sagte ich.

„Alter, wir sind hier in Mali, wo soll ich das herkriegen?“

„Dann eben ein warmes Wasser aus der Ration. Deal?“

„Deal.“

Wir rollten weiter durch die flirrende Hitze, vorbei an Dörfern, in denen das Leben seinen eigenen Rhythmus hatte. Ein paar Kinder winkten. Ein alter Mann musterte uns mit stoischer Miene.

Ich starrte in die Landschaft und dachte nicht weiter nach.

Irgendwo in Deutschland stand eine Wohnung leer, mein Name noch auf dem Briefkasten. Vielleicht wartete dort eine Zukunft, vielleicht nicht.

„Alles in Ordnung, Chef?“ fragte Schulze.

Ich nickte. „Klar. Alles wie immer."

Wie immer.

Eiserne Gewohnheit.
Unser bester Freund.
Unsere schlimmste Falle.

Schatten der Heimat

Die Heimat ist ein Ort aus Erinnerungen,
gebaut aus Kindheit, aus Straßen, aus Stimmen.
Doch wir sehen sie durch ein anderes Glas,
zerkratzt von Distanz, verzerrt von dem, was war.

Wir kehren zurück – aber nur mit den Stiefeln.
Im Kopf sind wir woanders geblieben.
Denn der Asphalt unter den Kasernenfüßen
fühlt sich nicht mehr wie Boden an.

„Guten Morgen, meine Herren!"

Der Hauptfeldwebel betrat die Stube mit einer Energie, die nicht
menschlich sein konnte. Wahrscheinlich hatte er sich intravenös

Kaffee gelegt. Ich brauchte noch eine halbe Stunde, um meine Augen auf Betriebstemperatur zu bringen.

„Antreten in zehn Minuten! Heute ist ein schöner Tag für Bürokratie!"

Niemand rührte sich. Keine Spur von Begeisterung.

„Ich weiß, ihr seid alle hochmotiviert", sagte er trocken. „Aber irgendjemand muss diese Formulare ausfüllen, und da ich weiß, dass ihr mir ein schlechtes Gewissen machen wollt, indem ihr traurig schaut – lasst es. Ich hab keins."

Schulze murmelte neben mir: „Ich hab mal gehört, dass Verwaltungsarbeit mehr Menschen in den Wahnsinn treibt als der Krieg."

„Ja? Und?" fragte Hoffmann.

„Ich glaub's jetzt."

Zwei Stunden später saßen wir vor Bergen von Papier. Anträge, Berichte, Checklisten. Afghanistan hatte Minen, der Kosovo hatte Ruinen, aber deutsche Kasernen hatten Bürokratie.

„Weißt du, was der Unterschied zwischen Krieg und Verwaltung ist?" fragte ich.

„Na?"

„Im Krieg kannst du wenigstens irgendwann abziehen."

Staub und Stahl

Der Staub kennt unsere Namen,

der Stahl kennt unsere Körper.

Die Tage sind gleich, die Nächte nicht.

Denn manchmal ist es Stille,

manchmal ist es Feuer,

manchmal ist es einfach nur Warten.

„Ich hab mir den Auslandseinsatz glamouröser vorgestellt“, sagte Hoffmann und zog eine Staubwolke aus seiner Waffe.

„Was genau hast du erwartet?“ fragte ich.

„Ich weiß nicht. So ein bisschen Hollywood. Dramatische Musik, epische Kamerafahrten, alles explodiert im Hintergrund, und wir laufen in Zeitlupe davon.“

„Tja, stattdessen sitzen wir hier und hoffen, dass niemand entscheidet, uns heute Nacht in die Luft zu jagen.“

„Leben ist halt nicht Hollywood.“

Wir sahen in die Dunkelheit.

„Findest du’s manchmal merkwürdig?“ fragte Schulze.

„Was?“

„Dass wir das hier tun. Und irgendwo in Deutschland trinkt gerade jemand Bier in einer Kneipe und beschwert sich über das Wetter."

Ich grinste. „Ja. Aber ganz ehrlich? Ich beneide ihn ein bisschen."

Wir sahen weiter in die Nacht. Irgendwo in der Ferne knisterte ein Funkgerät. Sonst war es still.

Manchmal war Stille ein Geschenk.
Manchmal war sie die Ankündigung von etwas Schlimmerem.

Wir warteten.

Die Fahne und der Wind

Der Wind weht, wie er will,
die Fahne folgt – oder reißt.
Manche nennen es Pflicht,
manche nennen es Schicksal.
Doch wir stehen,
während andere entscheiden, wohin wir gehen.

„Heute steht eine besondere Ausbildung an", sagte der
Kompaniechef. „Wir bereiten uns auf mögliche Einsätze im Inland
vor."

Schulze lehnte sich zu mir rüber und flüsterte: „Warte mal – Inland?
Seit wann?"

„Seit 2025", antwortete Hoffmann trocken.

Der Chef fuhr fort: „Die politische Lage ist instabil. Grenzsicherung,
Katastrophenhilfe, Schutz kritischer Infrastruktur – all das kann Teil
unserer Aufgabe werden."

Ich zog eine Augenbraue hoch. Soldaten im Inland? Vor ein paar
Jahren hätte das noch eine Welle der Empörung ausgelöst. Jetzt war es
einfach eine Notwendigkeit.

„Na super", sagte Hoffmann leise. „Wir retten also bald Windräder
vor Protestlern und Stromleitungen vor Sabotage."

„Besser als Mali", sagte ich.

„Kommt drauf an, von welcher Seite du den Stein an den Kopf
bekommst."

Der Chef beendete die Ansprache. Wir zerstreuten uns in Richtung
Fahrzeuge. Die Diskussion über Politik war vorbei. Jetzt ging's ums
Tun.

Denn am Ende war das der Unterschied:
Die einen redeten. Die anderen standen bereit.

Der Schatten von Mali

Es gibt Orte, die einen nicht gehen lassen,
selbst wenn man abreist.
Der Staub steckt in der Haut,
die Hitze im Kopf,
die Nächte im Rücken.
Und manchmal fragt man sich,
wer hier wen bewacht.

„Glaubst du, dass wir hier was verändern?" fragte Hoffmann,
während er durch sein Nachtsichtgerät spähte.

„Kommt drauf an, wen du fragst."

„Na gut, ich frage dich."

Ich zuckte mit den Schultern. „Wir halten die Lage stabil. Das ist
was."

„Stabil wie ein Kartenhaus."

„Ja. Aber ein Kartenhaus hält manchmal länger als gedacht."

Hoffmann lachte leise. „Weißt du, was das Problem ist?"

„Sag's mir."

„Die Leute zuhause denken, wir sind Helden. Und die Leute hier
denken, wir sind Besatzer. Und irgendwo dazwischen versuchen wir,
nicht erschossen zu werden."

Ich nickte. Er hatte recht.

„Also was sind wir?" fragte er schließlich.

Ich überlegte kurz. „Wir sind Soldaten. Wir tun, was uns gesagt wird, und hoffen, dass es das Richtige ist."

Die Dunkelheit antwortete nicht. Aber vielleicht musste sie das auch nicht.

Der Himmel gehört niemandem

Wolken ziehen ohne Rang,
der Himmel fragt nicht nach Befehlen.
Doch wir sind hier,
mit Stahl und Kerosin,
und malen Kondensstreifen,
wo andere Geschichten schreiben.

„Zwei unbekannte Flugobjekte, Kurs Nordwest. Scramble!"

Die Sirene kreischte durch den Hangar, und plötzlich bewegte sich alles. Ich sprintete zur Maschine, Helm unter den Arm geklemmt. Die Mechaniker hatten die Jets schon warm laufen lassen.

„Was haben wir?" fragte ich den Einsatzleiter über Funk, während ich mich in den Schleudersitz schnallte.

„Russische Aufklärer. Routine, aber wir schicken euch rauf.“

„Verstanden.“

Routine. Ein Wort, das gut klang – aber jeder wusste, dass Routine irgendwann bricht.

Die Triebwerke heulten auf, der Schub drückte mich in den Sitz, und die Erde wurde klein.

Wir flogen gen Norden, durch den blassen Morgenhimmel. Ein Blick nach rechts – mein Wingman war da. Immerhin.

„Musst du auch manchmal dran denken, was für ein Blödsinn das ist?“ fragte er plötzlich.

„Was meinst du?“

„Fliegen wir da jetzt wirklich rüber, gucken uns an, winken, und fliegen zurück?“

„Ja. Und morgen wieder.“

Er lachte. „Krieg ist anders, als ich dachte.“

„Ja. Manchmal bleibt er einfach aus.“

Vor uns tauchten zwei dunkle Silhouetten auf. Russische Flieger. Sie hielten Kurs.

Die Politik spielte Schach.
Wir waren nur die Figuren, die sich bewegten.

Zwischen Himmel und Stahl

Das Meer hält keine Versprechen,
es nimmt und gibt,
ohne Plan und ohne Schuld.
Und wir?
Wir fahren hinaus,
weil jemand es muss.

„Also, mal angenommen, du hättest jetzt eine Flasche Bier – würdest du sie exen oder genießen?" fragte Hauptbootsmann Weber.

„Das ist die dümmste Frage, die ich je gehört habe", antwortete Matrose Jansen.

„Warum?"

„Weil wir hier sind. Im verdammten Golf von Aden. Und das nächste Bier ist so weit weg wie meine Exfreundin."

Ich grinste und lehnte mich gegen die Reling. Die Nacht war warm, das Wasser schwarz, und irgendwo da draußen fuhren Piraten mit AKs in schrottreifen Booten herum.

„Piraten", murmelte ich. „Wer hätte gedacht, dass wir im 21. Jahrhundert noch gegen Piraten kämpfen?"

Weber zuckte die Schultern. „Geschichte wiederholt sich halt."

„Ja, aber warum muss ich dabei sein?“

„Weil wir bescheuert genug waren, zur Marine zu gehen.“

Wir lachten leise. Das Schiff rollte sanft über die Wellen. Morgen patrouillieren wir weiter. Heute war es ruhig.

Und wenn Geschichte sich wiederholt, dann hoffte ich, dass heute Nacht nicht 1715 war.

Der längste Marsch beginnt im Kopf

Schlamm ist nur Dreck,

bis er bis zu den Knien reicht.

Kilometer sind nur Zahlen,

bis du sie selbst gehst.

Und Befehle sind nur Worte,

bis der Körper nicht mehr kann

und trotzdem weiterläuft.

„Noch fünf Kilometer", keuchte Schröder.

„Noch sechs", korrigierte der Gruppenführer.

„Ich hasse mein Leben", erklärte Schröder.

Niemand widersprach.

Wir marschierten seit Stunden. Die Rucksäcke waren schwer, der Boden matschig, die Stiefel durchnässt. Die Nacht war kalt, und der Wind biss in die Haut.

„Warum machen wir das nochmal?" fragte Schröder.

„Weil wir's können", antwortete ich.

„Falsche Antwort. Ich will was mit mehr Pathos."

Ich grinste. „Weil wir Soldaten sind. Weil der Feind nicht wartet. Weil wir durchhalten, wenn andere aufgeben.“

„Viel besser“, sagte er. „Aber das ändert nichts daran, dass meine Füße sterben.“

Ich hätte ihm gern widersprochen. Aber meine taten auch weh.

Der Marsch ging weiter. Und wir auch.

Weil manchmal die einzige Wahl war, weiterzumachen.

Weiß und Rot

Blut ist immer rot,
egal unter welcher Flagge.
Doch nicht jeder sieht es,
der nur Uniformen zählt.

„Nächster!"

Ich zog meine Handschuhe enger und trat an die Liege. Ein junger
Mann, kaum älter als 20, hielt sich die Seite. Seine Uniform war
fleckig.

„Was ist passiert?"

„Übung", stöhnte er. „Ich hab verloren."

Ich hob die Augenbrauen. „Wie?"

„Bin über ne Baumwurzel gestolpert."

Ich schüttelte den Kopf und grinste. „Sowas können nur Soldaten."

Er grinste schwach zurück. Ich untersuchte ihn. Nichts Ernstes. Nur
ein geprellter Stolz und ein paar blaue Flecken.

„Du wirst überleben", sagte ich.

„Mist."

Ich klopfte ihm auf die Schulter. „Komm morgen wieder. Dann verschreibe ich dir ne Tapferkeitsurkunde.“

Der Krieg war nicht immer blutig.
Manchmal war er einfach nur absurd.

Die Müdigkeit, die keiner sieht

Wenn die Sonne untergeht und der Tag zerbricht,
bleiben wir, mit der Last der Stunden, die noch kommen.
Die Müdigkeit drückt wie Blei,
doch sie ist uns nicht fremd – wir tragen sie wie eine zweite Haut.
Manchmal fragen wir uns,
wie viel mehr wir noch tragen können.

„Sag mal, glaubst du, das hier wird mal einfacher?“ fragte der Leutnant, während er sich an die Wand lehnte und auf das endlose Bürochaos starrte.

„Kommt drauf an, was du unter ‚einfacher‘ verstehst“, antwortete ich, den Kugelschreiber immer noch in der Hand. „Wenn du meinst, dass es weniger Akten und weniger Dienstbesprechungen gibt, dann leider nein.“

„Wollte ich auch nicht hören“, murmelte er und starrte auf das leere Blatt.

Wir waren auf Streife durch die Büroflure, zwischen den verschlossenen Türen und den überquellenden Aktenstapeln. Draußen war es längst dunkel, und der Rest der Welt schien in der Nacht zu verschwinden. Aber wir? Wir kämpften mit Zahlen, Formulierungen und irgendwelchen sinnlosen Vorschriften.

„Weißt du“, sagte der Leutnant plötzlich, „ich wollte immer der Held sein, der mit einer Waffe in der Hand in die Schlacht zieht. Stattdessen sitze ich hier, schreibe Berichte und gebe Befehle.“

„Das ist der wahre Krieg“, sagte ich. „Der hier.“

Er nickte, als hätte er den Sinn des Ganzen verstanden. „Und ich dachte, ich würde nicht alt werden. Stattdessen hab ich jetzt das Büro und die Verantwortung. Das hier ist die wahre Schlacht. Die wir nicht gewinnen können, aber immer weiterkämpfen.“

„Das ist das Leben eines Offiziers.“

Wir schwiegen für einen Moment. Dann legte er den Stift ab und richtete sich auf. „Trotzdem... wenn ich raus gehe und die Welt sehe, werde ich nie vergessen, was uns hier ausmacht.“

„Und was ist das?“ fragte ich.

„Die, die nicht aufhören, obwohl sie wissen, dass der wahre Kampf nie endet.“

Der Lärm, der sich in Stille verwandelt

Wenn der Lärm des Krieges erlischt,

kommt die Stille.

Sie ist nicht das, was wir uns wünschen,

sondern das, was uns bleibt.

Und in dieser Stille hören wir,

was der Lärm vergraben hat.

„Weißt du, was das Lustige an der ganzen Sache ist?" fragte der Unteroffizier, als er neben mir am Wachturm stand und in die Wüste starrte.

„Erzähl."

„Dass wir hier sitzen und so tun, als wären wir die Helden. Aber am Ende des Tages, wenn das Ganze vorbei ist, bleiben nur die Erinnerungen und die Frage: ‚Warum sind wir überhaupt hier?'"

Ich schmunzelte. „Genau, aber das sagt einem keiner. Wir sind hier, weil wir es tun müssen. Und am Ende wird es auch wieder zu einem Punkt kommen, an dem es einfach nur noch ein Job ist."

„Das ist das Traurige. Irgendwann wird dieser Ort hier zu nichts weiter als ein Arbeitsplatz, als ein Dienstplan. Nichts, was einem bleibt."

Ich nickte. „Du sagst es. Die Frage ist nur, wie lange du das durchhältst, ohne dich selbst zu verlieren."

Der Wind blies leise über den Sand. Der Himmel war weit und leer. Ein endloser Horizont.

„Weißt du", fuhr er fort, „vielleicht ist der wahre Krieg der, den du mit dir selbst führst. Der, der nicht endet, wenn du die Uniform ablegst. Der, den du jeden Tag neu beginnen musst."

„Und den du trotzdem nie gewinnst", sagte ich und dachte an all die Soldaten, die durch diese Wüste marschierten, mit dem Kopf voller Fragen, auf der Suche nach Antworten, die sie nie finden würden.

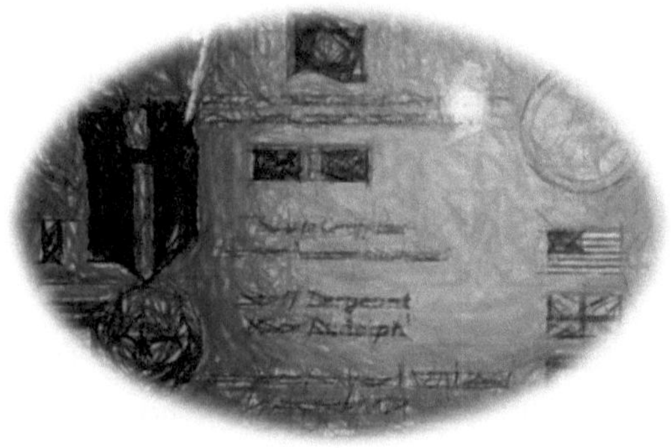

Der Trost in der Ungewissheit

Manchmal ist der Trost, der uns bleibt,

nicht die Antwort,

sondern die Frage.

Und vielleicht ist das der wahre Frieden –

nicht zu wissen,

aber trotzdem weiterzumachen.

„Du weißt, warum wir hier sind, oder?" fragte Sanitäterin Müller, als

sie das Verbandsmaterial sortierte.

„Weil der Krieg uns ruft?" antwortete ich und legte das

Medikamentsortiment auf den Tisch.

„Jeder hat seine eigene Antwort. Ich sage, wir sind hier, weil das

Schicksal niemandem Bescheid sagt, bevor es zuschlägt."

„Klingt düster", murmelte ich und packte einen Rucksack für die

nächste Runde.

„Es ist nicht die Dunkelheit, die uns ängstigt", sagte sie. „Es ist der

Gedanke, dass wir nie wissen, ob wir wieder herauskommen. Aber wir

machen trotzdem weiter."

„Und was bleibt, wenn wir zurückkommen?" fragte ich.

„Das Leben geht weiter. Aber die Fragen... die bleiben."

Wir packten die letzten Sachen ein, die Sonne brannte draußen. Wir marschierten wieder los. Aber in der Stille der Schritte waren die Fragen schon da.

Was bleibt? Was tun wir mit den Trümmern? Was machen wir, wenn der letzte Schuss verklungen ist und nur noch der Sand übrig bleibt?

Vielleicht nichts. Vielleicht alles.

Der Blick, der nie wirklich sieht

Es gibt Blicke, die durch die Dunkelheit schneiden,
die auf das Unbekannte starren,
und doch nicht wirklich sehen.
Wir schauen nach vorn,
doch unsere Augen folgen den Spuren der Vergangenheit.
Und jeder Schritt, den wir tun,
führt uns näher zu dem, was wir nie begreifen werden.

„Weißt du, was das seltsamste an diesem Job ist?" fragte der Hauptmann, als er sich in den Flugzeughangar zurückzog, die Hände hinter dem Rücken verschränkt.

„Die ständige Bereitschaft?" antwortete ich, während ich an der Wand lehnte, das Klirren von Werkzeugen aus der Ferne hörend.

„Ja, das auch. Aber es ist dieser Moment kurz vor dem Start, wenn du in der Kabine sitzt, das Cockpit sich füllt und du weißt, dass du bald abheben wirst. Du spürst den Druck, die Erwartung. Und trotzdem weißt du nicht wirklich, wohin du fliegst.“

Ich nickte. „Das stimmt. Du bist immer unterwegs, immer in Bewegung. Aber für was? Für wen? Es gibt keine klare Antwort. Es ist der Flug in die Ungewissheit.“

Er lachte leise. „Genau. Du fliegst, weil du fliegen musst. Weil das Teil des Jobs ist. Aber der wahre Flug – der beginnt, wenn du wieder landest. Denn dann wird dir erst klar, was du wirklich hinterlässt.“

Ich sah ihn an. „Und was bleibt dann?“

„Nichts. Aber irgendwie ist das auch okay“, sagte er und drehte sich zum Hangar um. „Manchmal ist es die Leere, die uns weiterfliegen lässt.“

Der Nebel der Ungewissheit

Im Nebel verschwindet, was einst klar war,
und was wir suchten, bleibt unerreichbar.
Es ist nicht der Nebel, der uns verwirrt –
es sind die Fragen, die er uns stellt.
Der Nebel bringt keine Antworten,
nur die Gewissheit, dass wir ihn irgendwann durchbrechen müssen.

„Du weißt, was am meisten nervt?" fragte der Bootsmann, während er die See im Blick hatte und das schaukelnde Schiff unter uns spürte.

„Der ständige Wind?" fragte ich, während ich in die Wellen starrte.

„Nein, das gehört dazu. Aber dieser endlose Horizont... Er gibt dir das Gefühl, du kannst einfach ewig weiterfahren. Aber du kommst nie an. Da ist kein Ziel, das du erreichen kannst."

„Ist das nicht der Sinn der Marine? Ewiges Reisen ohne wirklich anzukommen?"

„Vielleicht. Aber irgendwann fragst du dich, warum du den Kurs immer wieder setzt, wenn du das Gefühl hast, dass du nur im Kreis fährst. Was ist der Zweck? Wo führt dieser ganze Weg hin?"

„Vielleicht zu einem besseren Platz", sagte ich. „Vielleicht nicht. Vielleicht ist das der Punkt – nicht wissen, was hinter dem Horizont liegt, aber trotzdem weiterfahren."

Der Bootsmann nickte, dann lachte er. „Ja, du hast recht. Der Horizont verschwindet immer nur einen Schritt vor dir. Und du? Du fährst weiter, immer weiter.“

Der Schatten der Verantwortung

Es ist der Schatten, den wir tragen,

der uns begleitet, wenn der Tag zur Nacht wird.

Verantwortung ist kein Licht,

sondern die Last, die uns durch die Dunkelheit führt.

Und in diesem Schatten,

sehen wir uns selbst –

mit all unseren Fehlern und Zweifeln.

„Sag mal, was hat das alles für einen Sinn?" fragte der Gefreite, als wir uns in der Staubwüste unterhielten, die Patrouille schon ein paar Kilometer hinter uns. „Wir laufen hier durch den Dreck, durch die Hitze, und am Ende wissen wir nicht mal, ob wir heute Abend noch alle hier sind."

„Sinn?" wiederholte ich. „Der Sinn ist das, was du draus machst. Du bist hier, weil du es musst. Weil wir hier alle irgendwie funktionieren müssen, auch wenn es keinen wirklichen Sinn macht."

„Und was bleibt? Wenn der Einsatz vorbei ist und du zu Hause bist? Was bleibt dann von all dem hier?"

„Fragen", sagte ich und sah ihn an. „Fragen, die du nicht beantwortet bekommst. Aber das ist der Sinn. Du wirst immer mit den Fragen leben müssen. Und irgendwann merkst du, dass sie Teil von dir sind."

Der Gefreite sah mich an und nickte. „Und vielleicht wird der Sinn das sein, was wir im Rückblick daraus machen."

„Ja", sagte ich und spürte, wie die Last der Verantwortung langsam von meinen Schultern glitt. „Vielleicht ist der Sinn nicht das, was du hier tust, sondern das, was du nachher aus diesem Moment herausziehst."

Das Ende des Marsches

Und irgendwann, wenn der Marsch endet,
sehen wir uns um und wissen,
dass es der Weg war, der uns geformt hat.
Der letzte Schritt ist der erste,
der uns zeigt, wer wir wirklich sind.
Es ist nicht das Ziel, das uns prägt,
sondern der Weg, den wir gingen.

„Wir sind einfach nur ein Teil des Ganzen, nicht wahr?" sagte die
Sanitäterin, als sie das Notfalllager aufräumte. „Wir retten Leben, aber
wir können nicht alle retten."

„Genau. Und manchmal, weißt du, wenn du zu viele Leben siehst,
fragst du dich, ob du nicht selbst einen Teil von dir verlierst."

„Vielleicht. Aber vielleicht ist es auch das, was uns weiterbringt – der
Gedanke, dass wir noch etwas bewirken können, bevor es zu spät ist."

Sie drehte sich um und sah mich an. „Vielleicht gibt es keinen Sinn in
der Verantwortung. Aber der Sinn könnte sein, dass wir uns
entscheiden, trotzdem zu handeln."

Ich nickte. „Und wenn wir durch diese Wüste gehen, dann nicht für
uns selbst, sondern für die, die noch da sind."

Das Büro unter der Tarnung

Der Stuhl, der unter dir knarrt,
die Tastatur, die du so gut kennst,
und der Bildschirm, der dir mehr sagt
als die Worte, die du eigentlich hörst.
Das Büro, das im Schatten des Krieges liegt,
ist nicht weniger ein Schlachtfeld,
nur dass du hier nicht mit Munition kämpfst,
sondern mit Berichten und Formularen,
mit Anträgen und Bürokratie,
mit dem ständigen Rauschen des Telefons.
Es ist der Krieg ohne Mangel an Ressourcen,
der nur von der Stille des Zimmers begleitet wird.
Doch auch hier, im Inneren, wird gekämpft –
mit Zahlen, Vorschriften und der Zeit.

„Du weißt, was das Beste an diesem Job ist?" fragte der Oberleutnant und kramte in einem Haufen Akten, die auf seinem Schreibtisch verstreut lagen.

„Das kostenlose Mittagessen?" erwiderte der Hauptfeldwebel, ohne von seinem Bildschirm aufzusehen.

„Nee, das Beste ist, dass du, egal wie viele Kilometer du in der Hitze marschierst, immer hierher zurückkommst – und dann fängst du an, Formulare auszufüllen.“

Der Hauptfeldwebel nickte, ohne den Blick vom Monitor zu heben. „Würde sagen, die Formulare sind der wahre Feind. Die marschieren schneller als wir und kennen keinen Halt.“

„Da hilft auch kein Schießen“, sagte der Oberleutnant und schob eine Kiste Akten auf den Stapel. „Es sei denn, du schießt auf das Papier.“

„Da sind wir wieder bei der Bürokratie. Die einzige Armee, die nie geschlagen wird“, sagte der Hauptfeldwebel und tippte mit einem Seufzen weiter auf der Tastatur.

„Stimmt. Aber weißt du, was der wahre Sieg ist?“ fragte der Oberleutnant, der nun eine Faxmaschine aufbaute. „Wenn du es geschafft hast, einen Antrag so auszufüllen, dass er nicht sofort zurückkommt.“

Der Hauptfeldwebel grinste. „Ja, das ist der wahre Kampf. Und wer das überlebt, hat einen Orden verdient.“

Die Tarnung der Akten

Manchmal, in den stillen Momenten der Bürokratie,

fühlt es sich an, als wären wir die Schatten des Krieges.

Nicht jeder trägt Uniform,

aber jeder ist Teil des Spiels.

Die Akten, die über den Schreibtisch fliegen,

sind genauso wichtig wie der Schuss, der im Gefecht fällt.

Und so kämpfen wir weiter –

nicht mit Waffen, sondern mit dem Stempel,

der unser Überleben sichert.

„Hast du jemals darüber nachgedacht, wie viele Menschen sich fragen, was wir hier eigentlich tun?" fragte der Leutnant und drehte sich im Stuhl zu seinem Kollegen um.

„Absolut nicht", antwortete der Stabsunteroffizier, während er ein weiteres Formular unterschrieb. „Ich dachte, wir sind hier, um das Büro am Laufen zu halten."

„Das stimmt. Aber was passiert, wenn das Büro plötzlich stillsteht?"

„Dann sind wir verloren. Ohne uns gibt es keinen Marsch, keinen Einsatz, keine Übung. Wir sind die unsichtbaren Soldaten des Alltags."

„Und auch die ersten, die aus dem System verschwinden", murmelte der Leutnant und griff nach einem neuen Stapel. „Weißt du, was mir an unserem Job gefällt?"

„Was?"

„Niemand gibt uns Befehle. Wir geben uns die Befehle selbst – die Formulare ausfüllen, die Akten sortieren, die Entscheidungen treffen. Und wir sind die einzigen, die es verstehen."

Der Stabsunteroffizier nickte. „Ja, und trotzdem merkt keiner, wie wichtig es ist, dass der Schreibtisch immer voll ist. Wir sind die ersten, die merken, wenn die Ordnung nicht mehr stimmt."

„Und wenn sie nicht stimmt, geht die ganze Kette in den Bach."

„Genau", sagte der Stabsunteroffizier und lehnte sich zurück. „Die wahre Schlacht findet hier statt. Nicht draußen, sondern hier, zwischen den Akten."

Der Feind der Ordnung

Es sind nicht die Patronenhülsen,
die uns zu Boden werfen.
Es sind die Leeren,
die sich zwischen den Akten häufen.
Ein falscher Stempel,
ein verlorenes Formular,
und das ganze System beginnt zu wanken.
Hier kämpfen wir mit Tinte und Papier,
mit Zahlen und Paragrafen,
und am Ende des Tages ist es das gleiche Ziel:
die Ordnung wiederherstellen.

„Denkst du, du wirst irgendwann eine Auszeichnung für all das bekommen?" fragte der Feldwebel, als er auf den Bildschirm starrte und dann zu seinem Kollegen sah, der gerade eine Akte ins Archiv schickte.

„Vielleicht gibt's irgendwann eine Medaille für die längste Zeit ohne Fehler bei der Aktenablage", sagte der Kollege und schüttelte den Kopf. „Aber ehrlich, wer würde uns für das, was wir tun, ehren?"

„Wer weiß. Vielleicht kommt mal jemand aus dem Büro und macht ein Ehrenmal für uns. Das 'Denkmal der Bürokratie'. Stellt euch vor: ein Stuhl und eine Akte."

„Klingt nicht schlecht. Könnte glatt eine Statue von uns beiden geben“, sagte der Kollege, „mit dem Formular in der Hand und dem Stempel auf der Brust.“

„Solange der Stempel nicht das einzige Denkmal bleibt, auf das wir uns stützen müssen“, sagte der Feldwebel, während er sich wieder in den Bildschirm vertiefte. „Denn das wahre Leben hier spielt sich zwischen den Zeilen ab.“

Die Freiheit des Stempels

In den Zeilen liegt der wahre Kampf,
zwischen den Absätzen, in der Ordnung des Papiers.
Die Freiheit kommt nicht von der Uniform,
sondern vom Stempel,
der uns erlaubt, uns durch das Chaos zu bewegen.
Denn in einem Büro ohne Akten
wären wir genauso verloren
wie ein Soldat ohne Befehle.

„Was ist eigentlich der Unterschied zwischen uns und denen da draußen?“ fragte der Hauptmann, während er die Karikaturen der Kollegen betrachtete, die an der Wand hingen. „Die Leute da draußen haben wenigstens einen Sinn für Humor.“

„Weil sie ständig mit der Ungewissheit leben“, antwortete der Major und lehnte sich zurück. „Aber wir hier, wir kämpfen mit der

Sicherheit. Wir wissen, was kommt. Und trotzdem fühlen wir uns oft wie Soldaten im Feindgebiet."

Der Hauptmann nickte. „Das ist das Paradoxe. Wir sind die Soldaten der Bürokratie, aber irgendwie ist es der Feind, den wir nie wirklich besiegen können."

„Und trotzdem – solange wir ihn bezwingen, bleibt der Dienst in geordneten Bahnen", sagte der Major und wischte über den Schreibtisch. „Das ist die wahre Schlacht."

„Die Schlacht der Formulare", murmelte der Hauptmann. „Und die hat noch niemand gewonnen."

Zwischen den Akten, zwischen den Tagen
Die Uniform liegt abgelegt,
doch der Dienst geht weiter – nicht auf dem Marsch,
sondern hinter Schreibtischen und Computern.
Der Schweiß auf der Stirn ist nicht der der Übung,
sondern der, der kommt, wenn du wieder siehst,
wie der Drucker blockiert und das Papier nie reicht.
Wir tragen keine Munitionswesten,
aber Aktenordner, die uns genauso erdrücken.
Der Kampf um die Unterschriften dauert länger
als der Marsch von der Kaserne bis zur Front.

„Wirst du es heute schaffen, deinen Kaffee zu trinken, ohne dass der Drucker wieder einen Hitzeschaden hat?" fragte der junge Soldat, der gerade den Monitor zum dritten Mal neu startete.

„Ich hoffe es", antwortete der ältere Kamerad, der gerade die Akten von einem Stapel auf den nächsten verschob. „Sonst wird das hier noch länger als eine Übung im Gelände."

„Ehrlich gesagt", sagte der Soldat, „ist dieser ganze Büro-Kram schlimmer als der letzte Dienst im Matsch. Wenigstens da wusste ich, was mich erwartet."

„Ja, hier ist es viel chaotischer. Keiner kann dir genau sagen, was du tun sollst. Es geht immer nur darum, dass du etwas tust." Der ältere Kamerad tippte auf einen knappen Befehl auf dem Bildschirm. „Wenn du Glück hast, sagen sie dir, du sollst es sofort machen. Sonst fängst du an, an der Existenz der Akte zu zweifeln."

„Wenigstens können wir bei den Übungen noch durch den Dreck kriechen und danach ein Bier trinken. Hier sieht's eher so aus, als ob wir durch den Dreck kriechen, nur um zu entdecken, dass der Drucker wieder leer ist."

Der ältere Kamerad lachte. „Ja, das Bier haben wir hier leider nicht. Aber wir haben wenigstens immer eine Pause, um uns über das Chaos zu unterhalten."

„Stimmt", antwortete der junge Soldat. „Die Akten sind nicht das, was uns umbringt. Es ist die Geduld, die uns hier trainiert."

Das Murren im Büro

Die Welt außerhalb wird uns immer sagen,
dass wir zu den Helden gehören –
auf den Märschen, im Einsatz, im Dreck.
Doch in Wahrheit
gehören wir auch zu denen,
die den Kampf zwischen den Akten führen,
in einer Welt aus Papier und Tinte.
Der Feind ist der leere Stempel,
der Sieg liegt im Unterschreiben,
und die Waffen sind die Formulare,
die uns nach Hause schicken.

„Weißt du, was ich an unserem Job am meisten liebe?" fragte der Hauptgefreite, als er sich über die neueste Liste von Fehlern beugte.

„Sicher, dass du es wirklich liebst?" fragte der Soldat neben ihm, ohne von der Akte aufzusehen.

„Ja, der ewige Spaß, wenn du endlich eine Liste abgehakt hast, nur um dann zu merken, dass die Unterschrift fehlt. Diese ständige Freude an der Perfektion.“

„Ständige Freude? Ich glaube, du hast eine andere Bedeutung für den Begriff „Freude“ als die meisten anderen“, antwortete der Kamerad und lachte.

„Ach komm, du weißt doch, was ich meine. Das Gefühl, immer das nächste Papier zu überstehen. Das ist fast wie das Gefühl, ein Ziel zu treffen. Nur dass du nicht über den Tellerrand hinausschießen musst.“

„Aber du kannst immer sicher sein, dass du dir in diesem Büro keine Kugeln einhandelst“, sagte der Soldat. „Das ist das einzig Gute. Kein Beschuss, keine Explosionen – nur Druckerpapier und Tintenstrahldrucker, die ihren eigenen Krieg führen.“

„Ja, genau“, stimmte der Hauptgefreite zu. „Aber weißt du, was der wahre Feind hier ist? Die Stempel. Der Feind, der keine Gnade kennt.“

„Das einzige, was uns hier wirklich kaputt macht“, sagte der Kamerad und schob die Liste beiseite. „Am Ende des Tages hast du nicht nur einen Dienst hinter dir, sondern einen ganzen Stapel an Arbeit. Und das ohne eine einzige Salve.“

Der leere Raum zwischen den Zeilen

Die Kaserne hat immer noch die gleichen Wände,
die Akten sind immer noch da,
der Drucker wieder am Murren.
Doch der wahre Feind,
der uns immer wieder herausfordert,
ist der Raum zwischen den Zeilen.
Hier werden Entscheidungen getroffen,
die niemand je sieht.
Das einzig sichtbare Ziel
ist die Uhr, die langsam tickt.

„Hast du jemals darüber nachgedacht, wie viele Leute sich wundern, was wir hier eigentlich machen?" fragte der junge Soldat, während er durch einen Stapel von Mängellisten blätterte.

„Klar", sagte der Kollege und schüttelte den Kopf. „Die denken, wir sind die ganze Zeit draußen, kämpfen und marschieren. Aber wir hier wissen, dass der wahre Kampf manchmal im Stuhl stattfindet."

„Ja, das Büro hat seine eigenen Regeln. Hier gibt's keinen Raum für Fehler." Der junge Soldat legte eine Akte zur Seite. „Aber wenigstens sind wir nicht allein im Dreck. Der Dreck hier kommt in Form von Formulierungen und Unterschriften."

„Und niemand sagt, dass wir die Helden sind, die gegen Feinde kämpfen", sagte der Kollege. „Aber wenn du den Berg an Akten überstehst, bist du genauso ein Überlebender wie im Einsatz."

„Das ist wahr. Und auch die kleinen Siege zählen. Der Stempel auf der Akte ist auch eine Art Ehrung", sagte der junge Soldat mit einem Grinsen.

„Ja, nur dass der Stempel nicht immer das ist, was du am meisten willst", antwortete der Kollege und tippte weiter. „Manchmal will man nur wissen, was als Nächstes kommt. Aber das kommt nie so schnell, wie du es dir vorstellst."

„Weil die Schlacht hier nicht in der Zeit vergeht, sondern in den Akten", sagte der junge Soldat.

„Und jede Akte ist ein kleiner Sieg", sagte der Kollege. „Kleiner als der, den du draußen bekommst – aber es zählt."

In den Trümmern der Zeit

Die Trümmer der Zeit zerfallen leise,

auf uns fallen sie, in Dämmer und Reise.

Was bleibt, ist das Echo von langem Schmerz,

unsrem Lächeln, das nie ganz verschwindet, tief im Herz.

Der Krieg mag uns biegen, uns brechen und seh'n,

doch wir stehen wieder auf, wir können nicht geh'n.

„Die Trümmer der Zeit", sagte der Soldat nach einer Pause, „sind alles, was wir übrig haben. Und doch scheinen wir immer noch irgendwie aufzustehen. Wie Fliegen, die den letzten Fall überleben."

„Wir überstehen das, was uns bricht", antwortete ich. „Und irgendwie... irgendwie wird das, was uns zerlegt, zu den Ziegeln unseres Überlebens. Aber was bleibt am Ende? Was bleibt aus all den Trümmern?"

„Die Frage ist nicht, was bleibt", sagte er, „sondern was wir aus den Trümmern bauen. Weil du siehst, der Krieg gibt dir keine Antwort, aber er gibt dir Material, um dich neu zu erschaffen. Der Rest – das ist deine Entscheidung."

„Du redest wie ein Philosoph", sagte ich und lachte. „Vielleicht sind wir wirklich nur die Trümmer, die den Krieg gebaut hat."

„Genau", sagte er mit einem Blick, der weit mehr verriet. „Und vielleicht sind wir die Antwort auf die Frage, die wir nie gestellt haben."

Der letzte Marsch

Unsere Stiefel hinterlassen Spuren,
tief in einem Land, das uns nicht gehört.
Wir marschieren durch Staub und Schatten,
tragen Geschichten, die niemand hört.

Jeder Schritt ein leiser Abschied,
von dem, was wir einst waren.
Und wenn der Wind die Fährten verwischt,
wer wird noch unsere Namen bewahren?

„Weißt du, was ich manchmal denke?" fragte der Soldat neben mir,
während wir durch den heißen Sand stapften.

„Dass du lieber woanders wärst?", antwortete ich, ohne ihn
anzusehen.

Er lachte trocken. „Vielleicht. Aber ich meinte was anderes." Er hielt
kurz inne. „Ich denke, wir marschieren schon lange nicht mehr nur auf
diesem Boden. Wir marschieren durch die Zeit, durch das Leben, und
irgendwo am Ende gibt's kein Ziel, nur einen Punkt, an dem wir
stehenbleiben."

Ich sah ihn an. „Klingt wie ein verdammt langer Umweg."

„Ist es auch", sagte er und wischte sich den Schweiß von der Stirn.
„Aber vielleicht ist es genau das: Wir marschieren nicht, um irgendwo

anzukommen. Wir marschieren, weil es das Einzige ist, was wir noch
tun können."

Der Sand knirschte unter unseren Stiefeln, und ich dachte einen
Moment darüber nach. Vielleicht hatte er recht. Vielleicht war der
Marsch nicht der Weg zum Ziel, sondern das Ziel selbst.

„Und wenn wir stehenbleiben?" fragte ich.

Er grinste. „Dann erzählt niemand mehr unsere Geschichte."

Wenn Gedanken salutieren

Nicht jeder, der diente, war im Krieg. Nicht jeder, der kämpfte, trug eine Waffe. Und nicht jeder, der schweigt, ist unberührt. Diese Sätze mögen sich wiederholen, doch sie tun es aus gutem Grund – denn sie sind wahr. Sie brauchen kein neues Gewand, um gehört zu werden.

Es ist nicht der Ort, der einen zum Einsatzsoldaten macht. Nicht die Entfernung zur Heimat, nicht die politische Brisanz eines Auftrags. Es ist das, was man dort lässt, und das, was man mit zurücknimmt. Kosovo, Mali, Afghanistan, Irak – diese Namen verblassen in den Abendnachrichten, doch in denen, die dort waren, brennen sie weiter. Wie Koordinaten einer Erinnerung, die sich nicht auslöschen lässt.

Und dann gibt es die anderen. Die, die in Deutschland blieben. Die Wache schoben, Übungen überlebten, Kameraden beerdigten, Briefe schrieben, die nie beantwortet wurden. Die sich zerreiben ließen zwischen Pflicht und Familie, zwischen Verantwortung und Bürokratie, zwischen Einsatzvorbereitung und einem Heim, das sich immer weniger wie Heimat anfühlte.

Es sind nicht nur die, die schossen, die getroffen wurden. Auch der, der nur zusah, wurde manchmal getroffen. Von Worten. Von Blicken. Vom Schweigen danach.

Ich schreibe dies nicht als Held, nicht als Opfer, nicht als Stimme einer Generation, sondern als einer von vielen. Als Mensch, der diente. Aus Überzeugung. Nicht für Lob. Nicht für Denkmäler.

Sondern, weil er glaubte, dass es richtig sei. Und weil er heute noch glaubt, dass man darüber sprechen muss.

„Der Regen fiel auf beide Seiten." Dieser Satz kam mir irgendwann, als ich an das dachte, was Trennung bedeutet. Es gibt keinen sauberen Schnitt in einem Leben zwischen Uniform und Alltag. Kein klares Vorher und Nachher. Der Regen – das Leid, die Last, die Zweifel – fällt nicht nur auf den Gegner. Nicht nur auf das Schlachtfeld. Er fällt auf beide Seiten. Auf die, die marschieren, und auf die, die warten. Auf die, die Kommandos geben, und auf die, die sie befolgen. Auf Freund und Feind. Auf Heimat und Front. Es gibt keinen Schirm, der das Herz schützt.

Und „wenn Gedanken salutieren", dann ist das kein Pathos. Kein Aufruf zur Ehre. Sondern ein stilles Bild dafür, wie tief diese Erinnerungen verwurzelt sind. Wie sie sich melden, selbst wenn man längst zu Hause ist. Wenn man glaubt, man habe abgeschlossen – und plötzlich steht wieder jemand in Gedanken stramm. Man erinnert sich an das, was keiner sehen will. An das, was nicht erzählt wurde. An das, was nicht vergeht.

Vielleicht ist dieses Buch auch eine Art Appell. Kein lauter, fordernder. Sondern ein menschlicher. Eine Einladung zum Hinschauen. Zum Zuhören. Vielleicht liest es jemand, der nie gedient hat – aber jemanden kennt. Und begreift, dass hinter dem Schweigen mehr steckt als Gleichgültigkeit. Dass hinter dem Lächeln manchmal ein Kampf tobt.

Ich habe gelernt: Der Feind trägt nicht immer Uniform. Manchmal trägt er dein Gesicht im Spiegel. Und der Rückzug ist nicht immer das Ende – manchmal ist er der Anfang vom Überleben.

Ich bin Veteran. Nicht im Sinne eines Titels, sondern im Sinne einer Erfahrung. Ich bin einer, der diente. Einer, der manches vergaß – und manches nie vergessen kann. Einer, der manchmal nachts noch marschiert, auch wenn seine Füße längst stillstehen.

Vielleicht, wenn Worte wie diese gelesen werden, beginnt etwas zu heilen. Vielleicht, wenn Gedanken salutieren dürfen, müssen sie nicht mehr so laut schreien. Und vielleicht, wenn der Regen auf beide Seiten fällt – sehen wir endlich, dass wir alle nass geworden sind. Nur manche haben sich nie getrocknet.

Und am Ende? Da bleibt kein Applaus. Kein Fanfarenklang. Nur das stille, müde Weitergehen. Schritt für Schritt. In zivilen Schuhen, die schwerer geworden sind. Und in Gedanken, die vielleicht irgendwann Frieden finden. Vielleicht.

.